근현대 전법 선맥(傳法禪脈)

75조 경허 성우(鏡虛 惺牛) 전법선사

 오도송

홀연히 콧구멍 없는 소 되라는 말끝에	忽聞人語無鼻孔
삼천계가 내 집임을 단박에 깨달았네	頓覺三千是我家
유월의 연암산을 내려가는 길에서	六月鷰岩山下路
일없는 야인이 태평가를 부르노라	野人無事太平歌

76조 만공 월면(滿空 月面) 전법선사

전법게

구름과 달, 산과 계곡이라, 곳곳에서 같음이여	雲月溪山處處同
선가의 나의 제자 수산의 큰 가풍일세	叟山禪子大家風
은근히 무문인을 그대에게 분부하니	慇懃分付無文印
이 기틀의 방편이 활안 중에 있노라	一段機權活眼中

* 제75조 경허 성우 전법선사 전함 / 제76조 만공 월면 전법선사 받음

77조 전강 영신(田岡 永信) 전법선사

 전법게

불조도 전한 바 없어서	佛祖未曾傳
나 또한 얻은 바 없음을…	我亦無所得
가을빛 저물어 가는 날에	此日秋色暮
뒷산의 원숭이가 울고 있네	猿嘯在後峰

* 제76조 만공 월면 전법선사 전함 / 제77조 전강 영신 전법선사 받음

78대 농선 대원(弄禪 大圓) 전법선사

전법게

부처와 조사도 일찍이 전한 것이 아니거늘	佛祖未曾傳
나 또한 어찌 받았다 하며 준다 할 것인가	我亦何受授
이 법이 2천년대에 이르러서	此法二千年
널리 천하 사람을 제도하리라	廣度天下人

부송(付頌)

어상을 내리지 않고 이러-히 대한다 함이여	不下御床對如是
뒷날 돌아이가 구멍 없는 피리를 불리니	後日石兒吹無孔
이로부터 불법이 천하에 가득하리라	自此佛法滿天下

* 제77조 전강 영신 전법선사 전함 / 제78대 농선 대원 전법선사 받음

이 오도송과 전법게는 농선 대원 선사님께서 법리에 맞도록 새롭게 번역한 것입니다.

불조정맥 제77조 대한불교 조계종 전강 대선사님께서는, 16세에 출가하여 23세 때 첫 깨달음을 얻고 25세에 인가를 받으셨다. 당대의 7대 선지식인 만공, 혜봉, 혜월, 한암, 금봉, 보월, 용성 선사님의 인가를 한 몸에 받으셨으며, 이 중 만공 선사님께 전법계를 받아 그 뒤를 이으셨다. 당대의 선지식들이 모두 극찬할 정도로 그 법이 뛰어나서 '지혜제일 정전강'이라 불렸다.

33세의 최연소의 나이로 통도사 조실을 하셨고, 법주사, 망월사, 동화사, 범어사, 천축사, 용주사, 정각사 등 유명선원 조실을 역임하시고 인천 용화사 법보선원의 조실로 일생을 마치셨다.

1975년 1월 13일, 용화사 법보선원의 천여 명 대중 앞에서 "어떤 것이 생사대사(生死大事)인고?" 자문한 후에 "악! 구구는 번성(飜成) 팔십일이니라."라고 법문한 뒤, 눈을 감고 좌탈입망하셨다.

다비를 하던 날, 화려한 불빛이 일고 정골에서 구슬 같은 사리가 무수히 나왔다. 열반하시기까지 한결같이 공안 법문으로 최상승법을 드날리셨으니 그 투철한 깨달음과 뛰어난 법, 널리 교화하기를 그치지 않으셨던 점에 있어서 한국 근대 선종의 거목이라 일컬어지고 있다.

불조정맥 제78대 농선 대원 전법선사님
- 전강대법회에서 법문 중 할을 하시는 모습

오로지 정법만을 깨닫기 서원합니다.

입을 열면 정법만을 설하기 서원합니다.

중생이 다하는 그날까지 교화하기 서원합니다.

- 농선 대원 전법선사의 3대 서원

불교 8대 선언문

불교는 자신에게서 영생을 발견하게 한 유일한 종교이다.
불교는 자신에게서 모든 지혜를 발견하게 한 유일한 종교이다.
불교는 자신에게서 모든 능력을 발견하게 한 유일한 종교이다.
불교는 자신에게서 모든 것을 이루게 한 유일한 종교이다.
불교는 자신에게서 극락을 발견하게 한 유일한 종교이다.
불교는 깨달으면 차별 없어 평등하다는 유일한 종교이다.
불교는 모든 억압 없이 자신감을 갖게 한 유일한 종교이다.
불교는 그러므로 온 누리에 영원할 만인의 종교이다.

- 농선 대원 전법선사 주창

전세계의 불교계에서 통일시켜야 할 일

경전의 말씀대로 32상과 80종호를 갖춘 불상으로 통일해야 한다.

예불 드리는 법을 통일해야 한다.

불공의식을 통일해야 한다.

- 농선 대원 전법선사 주창

2018년 이룬절 포천정맥선원 농선 대원 선사님의 법회

대방광불화엄경

大 方 廣 佛 華 嚴 經

제 38 권

십지품 ⑤

十 地 品

도서출판 문젠(구, 바로보인)은 정맥선원에서 운영하고 있습니다.

* 인제산(人濟山) 성불사(成佛寺) 국제정맥선원
  경기도 포천시 내촌면 소리개길 86-178 ☎ 031-531-8805 ☎ 010-6431-8805
* 인제산(人濟山) 이룬절 포천정맥선원
  경기도 포천시 내촌면 소리개길 86-123 ☎ 031-531-2433 ☎ 010-3880-8980
* 자모산(慈母山) 육조사(六祖寺) 청도정맥선원
  경북 청도군 매전면 동산리 산 50 ☎ 010-9800-6109
* 백양산(白楊山) 자모사(慈母寺) 부산정맥선원
  부산시 동래구 아시아드대로 114번길 10 대륙코리아나 2층 212호
  ☎ 051-503-6460 ☎ 010-2951-8667
* 광암산(光巖山) 성도사(成道寺) 광주정맥선원
  광주광역시 광산구 삼도광암길 34 ☎ 062-944-4088 ☎ 010-8670-1445
* 대통산(大通山) 대통사(大通寺) 해남정맥선원
  전남 해남군 화산면 송계길 132-98 중정마을 ☎ 061-536-6366 ☎ 010-8938-2438

바로보인 불법 ❸❽

화 엄 경 38권

초판 1쇄 펴낸날 단기 4352년, 불기 3046년, 서기 2019년 5월 20일

역   저 농선 대원 선사
펴 낸 곳 도서출판 문젠(Moonzen Press)
        11192,경기도 포천시 내촌면 소리개길 86-178
        전화 031-534-3373 팩스 031-533-3387
신 고 번 호 2010.11.24. 제2010-000004호

윤 문 교 정 증연 강영미
편집 전자책 제작 도향 하가연
표 지 그 림 현정(玄楨)
인   쇄 가람문화사

도서출판문젠 www.moonzenpress.com
정 맥 선 원 www.zenparadise.com
사막화방지국제연대(IUPD) www.iupd.org

© 문재현, 2019. Printed in Seoul, Republic of Korea
값 15,000원
ISBN 978-89-6870-038-5 04220
ISBN 978-89-6870-000-2 (전81권)

華嚴十無頌 화엄십무송

- 농선 대원 선사

無相法性常顯前
상이 없는 법성은 언제나 드러나 있고

無性諸法如谷響
성품이 없는 모든 법은 골짜기에 메아리 같도다

無外作處是自在
밖이 없이 짓는 곳을 이 자재라 하는 것이니

無非華嚴大道場
화엄 대도량 아님이 없음이로다

無窮無盡光神通
궁구할 수 없고 다함 없는 광명의 신통에서

無不出生三千界
삼천대천세계가 나오지 않음이 없도다

無碍相卽大自在
걸림이 없이 서로 즉한 대자재여

無爲之法是日常
함이 없는 법이 일상이로다

無有定法隨狀況
정한 법 없어 상황을 따름이여

無上無爲妙菩提
위 없고 함이 없는 묘보리로다

바로보인 불법 ㊳

화엄경(華嚴經) 38권

농선 대원 선사 역저

二十六、십지품 (十地品) ⑤

서 문

가없이 크고 넓어 광대함이여!
모양 없는 그 가운데 본래 갖춤
증득한 지혜인이라야 아네

남섬부주 일체의 나툼이여
본래의 갖춤에 비하자면
천만억분의 일도 안 된다네

이러-히 온통 온통함이여!
모두 갖춘 본연한 이 장엄을
'대방광불화엄'이라 하네

단기(檀紀) 4345년
불기(佛紀) 3039년

무등산인 농선 대원
(無等山人 弄禪 大圓)

∽ 81권 화엄경 권과 품

차 례

일러두기

1. 화엄경 본문을 지나치게 세밀하게 나누어 긴 주해를 싣지 않은 것은 그로 해서 원문의 흐름이 끊어지게 되지 않을까 하는 우려에서이다. 이런 까닭에 다만 수없이 장고(長考)하며 최대한 원문에 충실하게 번역하고 각권의 마지막이나 각품의 마지막에만 결문(結文)을 더하였다. 화엄경 본문이 이치적으로 더할 나위 없이 샅샅이 화엄의 화장세계를 밝힌 것이라면 결문은 화엄경의 화장세계를 선(禪) 도리로 간략히 바로 끊어 보인 것이다. 이로써 경의 본뜻이 굴절 없이 전달되어 화엄의 세계가 독자의 세계가 되기를 바란다.

2. 요즈음 화엄경을 접한 이들이 최고의 경전이라 불리는 화엄경 첫머리부터 '신(神)'이라는 호칭으로 기록된 분들이 많은 것을 보고 의아하게 생각하는 경우가 있다. 화엄경의 첫머리인 세주묘엄품을 보면 이 '신(神)'이라는 호칭으로 기록된 분들이 불보살님의 화현이거나 보살마하살의 경지에서 행하는 분들임을 알 수 있다. 이런 까닭에 이 책에서는 '신(神)'을 '천제(天帝)'로 번역하였다. 예를 들면, '집금강신'은 '집금강천제'로 의역하였다. 천제는 그 세계를 다스리고 교화하는 분, 곧 깨달아, 삼매와 지혜와 덕과 신통과 방편과 변재를 갖추어서 다스리고 교화하는 분을 말한다.

3. 미주는 *로 표시하였다.

4. 화엄경 본문에서 장문 뒤의 게송은 앞에 설한 내용의 뜻을 거듭 간략히 설한 것으로, 앞의 내용을 찾아 참고하여 읽으면 그 흐름을 더 잘 이해할 수 있다. 예를 들면, 화엄경 37권 69쪽의 두 번째 연은 43쪽의 열 가지 역순으로 모든 연기를 관하는 까닭을 축약해 놓은 것임을 알 수 있다.

二十六 십지품 ⑤

是時天王及天衆
聞此勝行皆歡喜
爲欲供養於如來
及以無央大菩薩

雨妙華幡及幢蓋
香鬘瓔珞與寶衣
無量無邊千萬種
悉以摩尼作嚴飾

天女同時奏天樂
普發種種妙音聲
供養於佛幷佛子
共作是言而讚歎

8)제8 부동지(不動地)*

이때 천왕과 천상의 대중이
이 뛰어난 행을 듣고 모두 환희하여
여래와 한량없는 큰 보살들에게
공양 올리려 하네

묘한 꽃과 번기와 당기와 일산과
향과 화만과 영락과 보배옷을
한량없고 끝없이 천만 가지로 비 내리듯 하여
모두 마니로써 화려하게 장엄하네

천녀들이 동시에 천상의 음악을 연주하고
널리 갖가지 묘한 음성을 내어
부처님과 불자들에게 공양 올리면서
함께 이런 말로 찬탄하네

一切見者兩足尊
哀愍衆生現神力
令此種種諸天樂
普發妙音咸得聞

於一毛端百千億
那由他國微塵數
如是無量諸如來
於中安住說妙法

一毛孔內無量刹
各有四洲及大海
須彌鐵圍亦復然
悉見在中無迫隘

일체를 보시는 부처님〔兩足尊〕께서
중생을 불쌍히 여겨 위신력을 나타내시니
이 갖가지 모든 천상의 음악으로
널리 묘한 소리를 내어 다 듣게 하네

한 털끝에 백천억
나유타 수의 국토 가는 티끌 수 만큼의
이와 같은 한량없는 모든 여래께서
그 가운데 편안히 머물러 묘한 법을 설하시네

한 털구멍 안의 한량없는 세계에
사주와 큰 바다가 각각 있고
수미산과 철위산도 또한 그러하여
모두 그 가운데 있지만 비좁지 않음을 보네

一毛端處有六趣
三種惡道及人天
諸龍神衆阿修羅
各隨自業受果報

於彼一切刹土中
悉有如來演妙音
隨順一切衆生心
爲轉最上淨法輪

刹中種種衆生身
身中復有種種刹
人天諸趣各各異
佛悉知已爲說法

한 털끝만 한 곳에 육취가 있어
세 가지 악도와 인간과 천상
모든 용과 신중과 아수라가
각각 자신의 업에 따라 과보를 받네

저 일체 국토 가운데 계신
모든 여래께서 묘한 음성을 널리 펴고
일체 중생의 마음을 따라
최상의 청정한 법륜을 굴리시네

세계 가운데 갖가지 중생의 몸과
몸 가운데 다시 갖가지 세계가 있어
인간과 천상의 모든 취가 각각 다르지만
부처님께서 다 아시고서 법을 설하시네

大刹隨念變爲小

小刹隨念亦變大

如是神通無有量

世間共說不能盡

普發此等妙音聲

稱讚如來功德已

衆會歡喜默然住

一心瞻仰欲聽說

時解脫月復請言

今此衆會皆寂靜

願說隨次之所入

第八地中諸行相

큰 세계가 생각을 따라 작게도 변하고
작은 세계가 생각을 따라 또한 크게도 변하니
이와 같은 신통이 한량없음을
세간이 함께 말하여도 다할 수 없네

이와 같은 묘한 음성을 널리 내어
여래의 공덕을 찬탄하고는
모인 대중이 환희하고 묵연히 머물러
한결같은 마음으로 우러러 바라보며 설함을 듣고자 하네

이때 해탈월보살이 다시 청해 말하기를
지금 여기에 모인 대중은 모두 극히 고요하니
원하건대 차례를 따라 들어가는
제8지 가운데의 모든 행상을 설하여 주소서

爾時 金剛藏菩薩 告解脫月菩薩言 佛子 菩薩摩訶薩 於七
地中 善修習方便慧 善清淨諸道 善集助道法 大願力所攝
如來力所加 自善力所持 常念如來力無所畏不共佛法 善清
淨深心思覺 能成就福德智慧 大慈大悲 不捨衆生 入無量
智道 入一切法 本來無生無起無相無成無壞無盡無轉 無性
爲性 初中後際 皆悉平等 無分別如如智之所入處 離一切
心意識分別想 無所取着 猶如虛空 入一切法如虛空性 是
名得無生法忍

이때 금강장보살이 해탈월보살에게 말하였다.

"불자여, 보살마하살이 제7지 가운데에서 방편의 지혜를 잘 닦아 익히고 모든 도를 잘 청정하게 하며 도를 돕는 법을 잘 모읍니다.

큰 원력으로 포섭한 바이고 여래의 힘으로 가피한 바이며 스스로 착한 힘을 지닌 바이고, 여래의 십력과 사무소외와 불공불법을 항상 생각하여 깊은 마음으로 사량분별을 잘 청정하게 하며, 복덕과 지혜를 성취하여 대자대비로 중생을 버리지 않고, 한량없는 지혜의 도에 들어갑니다.

일체 법이 본래 남이 없고 일어남이 없으며 상이 없고 이루어짐이 없으며 무너짐이 없고 다함이 없으며 바뀜이 없고, 성품에는 성품이라 함마저도 없어서 과거와 현재와 미래가 모두 평등하며, 분별이 없는 여여한 지혜로 들어갈 곳에 들어가고, 일체 심의식의 분별과 생각을 여의어 취하고 집착한 바가 없어서 마치 허공과 같으며, 일체 법이 허공과 같은 성품에 들어가니 이것을 무생법인을 얻은 것이라 이름합니다.

佛子 菩薩 成就此忍 卽時 得入第八不動地 爲深行菩薩 難
可知 無差別 離一切相 一切想 一切執着 無量無邊 一切
聲聞辟支佛 所不能及 離諸誼諍 寂滅現前 譬如比丘 具足
神通 得心自在 次第乃至入滅盡定 一切動心憶想分別 悉
皆止息 此菩薩摩訶薩 亦復如是 住不動地 卽捨一切功用
行 得無功用法 身口意業 念務皆息 住於報行

불자여, 보살이 이 인을 성취하면 곧바로 제8 부동지에 들어가서 깊은 행을 하는 보살이 되니, 알기 어렵고 차별이 없어 일체의 상과 일체의 생각과 일체의 집착을 여의고, 한량없고 끝이 없어 일체 성문과 벽지불로서는 미칠 수 없으며, 모든 시끄러운 다툼을 여의어 적멸이 목전에 나타납니다.

비유하면 비구가 신통을 구족하고 마음의 자재함을 얻어 차례로 더 나아가서 멸진정에 들어가면 일체 움직이는 마음과 생각과 분별을 모두 쉬는 것과 같습니다.

이 보살마하살도 또한 다시 이와 같아서 부동지에 머물면 곧 일체 공용의 행을 버리고 공용이 없는 법을 얻어서 몸과 입과 뜻의 업으로 생각하는 것을 모두 쉬어 과보의 행에 머물게 됩니다.

譬如有人 夢中見身 墮在大河 爲欲渡故 發大勇猛 施大方便 以大勇猛施方便故 卽便覺寤 旣覺寤已 所作皆息 菩薩亦爾 見衆生身 在四流中 爲救度故 發大勇猛 起大精進 以勇猛精進故 至此不動地 旣至此已 一切功用 靡不皆息 二行相行 悉不現前 佛子 如生梵世 欲界煩惱 皆不現前 住不動地 亦復如是 一切心意識行 皆不現前

비유하면 어떤 사람이 꿈속에서 몸이 큰 강에 빠져 있음을 보고 건너가기 위한 까닭으로 큰 용맹을 발하여 큰 방편을 베푸는데, 큰 용맹과 방편을 베푼 까닭으로 문득 잠을 깨었으나 잠을 깨고 나서는 하던 일을 모두 쉬게 되는 것과 같습니다.

보살도 또한 그러하여 중생의 몸이 네 가지 폭류 가운데 있음을 보고 제도하기 위한 까닭으로 큰 용맹을 발하여 큰 정진을 일으키고, 용맹하게 정진하는 까닭으로 이 부동지에 이르르니, 이미 여기에 이르러서는 일체 공용이 모두 쉬지 않음이 없어서 두 가지 행〔二行〕*과 형상 있는 행〔相行〕*이라는 것은 모두 목전에 나타나지 않습니다.

불자여, 마치 범천에 태어나면 욕계의 번뇌가 모두 목전에 나타나지 않는 것과 같으니, 부동지에 머무는 것도 또한 다시 이와 같아서 일체 심의식으로 하는 행이 모두 목전에 나타나지 않습니다.

此菩薩摩訶薩 菩薩心 佛心 菩提心 涅槃心 尙不現起 況
復起於世間之心 佛子 此地菩薩 本願力故 諸佛世尊 親現
其前 與如來智 令其得入法流門中 作如是言 善哉善哉 善
男子 此忍 第一 順諸佛法 然 善男子 我等所有十力無畏
十八不共諸佛之法 汝今未得 汝應爲欲成就此法 勤加精進
勿復放捨於此忍門

이 보살마하살은 보살의 마음과 부처의 마음과 보리의 마음과 열반의 마음이라는 것까지도 오히려 일으키지 않거늘 하물며 다시 세간의 마음을 일으키겠습니까?

불자여, 이 지위의 보살의 본래의 원력인 까닭에 모든 부처님 세존께서 친히 그 앞에 나투어 여래의 지혜를 베풀어 주고 법류문(法流門)* 가운데 들어가게 하여서 이와 같이 말씀하십니다.

'착하고 착하도다. 선남자여, 이 인(忍)은 제일로 모든 부처님의 법을 따르는 것이니라.

그러나 선남자여, 우리들이 가진 십력과 사무소외와 십팔불공의 모든 부처님의 법은 그대가 아직 얻지 못하였으니, 그대가 이 법을 성취하고자 한다면 부지런히 정진을 더하여 다시는 이 인의 문을 놓아 버리지 말라.

又善男子 汝雖得是寂滅解脫 然諸凡夫 未能證得 種種煩
惱 皆悉現前 種種覺觀 常相侵害 汝當愍念如是衆生 又善
男子 汝當憶念本所誓願 普大饒益一切衆生 皆令得入不可
思議智慧之門 又善男子 此諸法法性 若佛出世 若不出世
常住不異 諸佛 不以得此法故 名爲如來 一切二乘 亦能得
此無分別法

또 선남자여, 그대가 비록 이 적멸한 해탈을 얻었으나 모든 범부는 아직 증득하지 못하여 갖가지 번뇌가 다 목전에 나타나며, 갖가지 각관이 항상 서로 침해하니, 그대는 마땅히 이와 같은 중생들을 불쌍하게 생각해야 하느니라.

또 선남자여, 그대는 마땅히 본래 세운 서원한 바를 마음속 깊이 지녀 잊지 않아 일체 중생을 크게 널리 이익 되게 하여서 모두로 하여금 불가사의한 지혜의 문에 들어가게 해야 하느니라.

또 선남자여, 이 모든 법과 법성은 부처님께서 세간에 출현하시거나 출현하시지 않거나 다름없이 상주하며, 모든 부처님께서 이 법을 얻은 것이 아닌 까닭으로 여래라 이름하나 일체 이승도 또한 이 분별 없는 법을 얻어야 하느니라.

又善男子 汝觀我等 身相無量 智慧無量 國土無量 方便無量 光明無量 清淨音聲 亦無有量 汝今宜應成就此事 又善男子 汝今適得此一法明 所謂一切法無生無分別 善男子 如來法明 無量入 無量作 無量轉 乃至百千億那由他劫 不可得知 汝應修行 成就此法 又善男子 汝觀十方無量國土 無量衆生 無量法種種差別 悉應如實通達其事

또 선남자여, 그대는 우리들의 신상이 한량없음과 지혜가 한량없음과 국토가 한량없음과 방편이 한량없음과 광명이 한량없음과 청정한 음성이 또한 한량없음을 관하여 그대가 이제 마땅히 이 일을 성취해야 하느니라.

또 선남자여, 그대가 이제 마침내 이 온통인 법명(法明)*을 얻었으니 일체 법이 남이 없고 분별이 없느니라.

선남자여, 여래의 법명은 한량없이 들어가는 것이고, 한량없이 짓는 것이며, 한량없이 바뀌는 것이어서 더 나아가 백천억 나유타 수의 겁에도 알 수 없는 것이니, 그대는 닦아 행하여 이 법을 성취해야 하느니라.

또 선남자여, 그대는 시방의 한량없는 국토와 한량없는 중생과 한량없는 법의 갖가지 차별을 관하여 모두 여실하게 그 일을 통달해야 하느니라.'

佛子 諸佛世尊 與此菩薩如是等無量起智門 令其能起無量
無邊差別智業 佛子 若諸佛 不與此菩薩起智門者 彼時 卽
入究竟涅槃 棄捨一切利衆生業 以諸佛 與如是等無量無
邊起智門故 於一念頃 所生智業 從初發心 乃至七地 所修
諸行 百分 不及一 乃至百千億那由他分 亦不及一 如是阿
僧祇分 歌羅分 算數分 譬喩分 優波尼沙陀分 亦不及一

불자여, 모든 부처님 세존께서 이 보살에게 이와 같은 등의 한량없는 지혜의 문을 베푸시어 그로 하여금 한량 없고 끝없이 차별된 지혜의 업을 일으키게 하십니다.

불자여, 만약 모든 부처님께서 이 보살에게 지혜를 일 으키는 문을 베풀지 않으셨다면, 그때에 곧 구경의 열반 에 들어가 일체 중생을 이익 되게 하는 업을 버렸을 것 입니다.

모든 부처님께서 이와 같은 등의 한량없고 끝없는 지 혜를 일으키는 문을 베푸신 까닭에, 온통인 생각으로 내 는 지혜의 업은 처음 발심한 때로부터 제7지에 이르기 까지 닦은 모든 행으로는 백 분의 일에도 미치지 못하 고, 그 밖에 백천억 나유타 분의 일에도 미치지 못하며, 이와 같이 아승기* 분과 가라* 분과 산수 분과 비유 분 과 우파니사타* 분의 일에도 또한 미치지 못합니다.

何以故 佛子 是菩薩 先以一身 起行 今住此地 得無量身
無量音聲 無量智慧 無量受生 無量淨國 教化無量衆生 供
養無量諸佛 入無量法門 具無量神通 有無量衆會道場差
別 住無量身語意業 集一切菩薩行 以不動法故 佛子 譬如
乘船 欲入大海 未至於海 多用功力 若至海已 但隨風去
不假人力 以至大海 一日所行 比於未至 其未至時 設經百
歲 亦不能及

무슨 까닭이겠습니까? 불자여, 이 보살이 이전에는 한 몸으로 행을 일으켰으나 이제 이 지위에 머물러 한량없는 몸과 한량없는 음성과 한량없는 지혜와 한량없는 수생과 한량없는 깨끗한 국토를 얻어서 한량없는 중생을 교화하고, 한량없는 모든 부처님께 공양 올리며, 한량없는 법문에 들어가고, 한량없는 신통을 갖추며, 한량없는 대중이 모인 도량의 차별이 있고, 한량없는 몸과 말과 뜻의 업에 머무르되 부동의 법으로써 일체 보살의 행을 이루는 까닭입니다.

불자여, 비유하면 배를 타고 큰 바다에 들어가고자 함에 아직 바다에 이르르지 못하여서는 많은 공력을 써야 하지만 만약 바다에 이르르면 다만 바람을 따라가고 사람의 힘을 빌리지 않으니, 큰 바다에 이르러 하루 동안 행한 바를 바다에 이르르지 못한 것에 비하면 그 이르르지 못하였을 때에는 설사 백년이 지난다 해도 미치지 못하는 것과 같습니다.

佛子 菩薩摩訶薩 亦復如是 積集廣大善根資糧 乘大乘船
到菩薩行海 於一念頃 以無功用智 入一切智智境界 本有
功用行 經於無量百千億那由他劫 所不能及 佛子 菩薩 住
此第八地 以大方便善巧智 所起無功用覺慧 觀一切智智所
行境 所謂觀世間成 觀世間壞 由此業集故 成 由此業盡故
壞 幾時成 幾時壞 幾時成住 幾時壞住 皆如實知

불자여, 보살마하살도 또한 다시 이와 같아서 광대한 선근의 양식을 모아서 대승의 배를 타고 보살행의 바다에 이르러 온통인 생각에 공용이 없는 지혜로 일체지의 지혜의 경계에 들어가니, 본래 공용이 있는 행으로는 무량 백천억 나유타 수의 겁을 지난다 해도 미치지 못합니다.

　불자여, 보살이 제8지에 머물러 큰 방편과 공교한 지혜로 일으킨 공용이 없는 깨달은 지혜로써 일체지의 지혜로 행할 경계를 관함에 세간의 이루어짐을 관하고 세간의 무너짐을 관하니, 이것은 업이 모인 까닭으로 이루어지고 이것은 업이 다한 까닭으로 무너지며, 언제 이루어지고 언제 무너지며, 언제 이루어짐에 머무르고 언제 무너짐에 머무르는지를 모두 여실하게 압니다.

又知地界 小相大相 無量相差別相 知水火風界 小相大相 無量相差別相 知微塵 細相差別相 無量差別相 隨何世界中 所有微塵聚 及微塵差別相 皆如實知 隨何世界中 所有地水火風界 各若干微塵 所有寶物 若干微塵 衆生身 若干微塵 國土身 若干微塵 皆如實知 知衆生大身小身 各若干微塵成 知地獄身畜生身餓鬼身阿修羅身天身人身 各若干微塵成 得如是知微塵差別智

또 지계(地界)의 작은 상과 큰 상과 한량없는 상과 차별된 상을 알고, 수·화·풍계의 작은 상과 큰 상과 한량없는 상과 차별된 상을 알며, 가는 티끌의 미세한 상과 차별된 상과 한량없이 차별된 상을 압니다.

어떤 세계에서든 가는 티끌의 무더기와 가는 티끌의 차별된 상을 모두 여실하게 알고, 어떤 세계에서든 지·수·화·풍계의 가는 티끌이 각각 어느 정도인지, 모든 보물의 가는 티끌이 어느 정도인지, 중생 몸의 가는 티끌이 어느 정도인지, 국토 몸의 가는 티끌이 어느 정도인지를 모두 여실하게 압니다.

중생의 큰 몸과 작은 몸이 각각 어느 정도의 가는 티끌로 이루어져 있는지를 알고, 지옥의 몸과 축생의 몸과 아귀의 몸과 아수라의 몸과 천상의 몸과 인간의 몸이 각각 어느 정도의 가는 티끌로 이루어져 있는지를 알아서 이와 같이 가는 티끌의 차별을 아는 지혜를 얻습니다.

又知欲界色界無色界成 知欲界色界無色界壞 知欲界色界
無色界小相大相 無量相差別相 得如是觀三界差別智 佛子
此菩薩 復起智明 敎化衆生 所謂善知衆生身差別 善分別
衆生身 善觀察所生處 隨其所應 而爲現身 敎化成熟 此菩
薩 於一三千大千世界 隨衆生身信解差別 以智光明 普現
受生 如是若二若三 乃至百千 乃至不可說三千大千世界 隨
衆生身信解差別 普於其中 示現受生

또 욕계와 색계와 무색계의 이루어짐을 알고, 욕계와 색계와 무색계의 무너짐을 알며, 욕계와 색계와 무색계의 작은 상과 큰 상과 한량없는 상과 차별된 상을 알아서 이와 같이 삼계의 차별을 관하는 지혜를 얻습니다.

불자여, 이 보살이 다시 지명(智明)*을 일으켜 중생을 교화하니, 중생의 몸의 차별을 잘 알고, 중생의 몸을 잘 분별하며, 태어나는 곳을 잘 관찰하여 그 응할 바를 따라 몸을 나타내고 교화하여 성숙하게 합니다.

이 보살이 한 삼천대천세계에서 중생의 몸과 믿고 아는 차별을 따라서 지혜의 광명으로 널리 수생함을 나타내고, 이와 같이 둘과 셋 더 나아가서 백천과 더 나아가서 불가설 수의 삼천대천세계에서 중생의 몸과 믿고 아는 차별을 따라 그 가운데 널리 수생함을 나타내 보입니다.

此菩薩 成就如是智慧故 於一佛刹 其身不動 乃至不可說
佛刹衆會中 悉現其身 佛子 此菩薩 隨諸衆生 身心信解種
種差別 於彼佛國衆會之中 而現其身 所謂於沙門衆中 示
沙門形 婆羅門衆中 示婆羅門形 刹利衆中 示刹利形 如是
毘舍衆 首陀衆 居士衆 四天王衆 三十三天衆 夜摩天衆 兜
率陀天衆 化樂天衆 他化自在天衆 魔衆 梵衆 乃至阿迦尼
吒天衆中 各隨其類 而爲現形

이 보살이 이와 같은 지혜를 성취한 까닭으로 한 부처님세계에서 그 몸을 움직이지 않고도 더 나아가서 불가설 수의 부처님세계 대중이 모인 가운데 모두 그 몸을 나타냅니다.

불자여, 이 보살이 모든 중생의 몸과 마음과 믿고 아는 갖가지 차별을 따라서 저 부처님 나라의 대중이 모인 가운데 그 몸을 나타냅니다.

사문의 대중 가운데에서는 사문의 형상을 나타내 보이고, 바라문의 대중 가운데에서는 바라문의 형상을 나타내 보이며, 찰제리의 대중 가운데에서는 찰제리의 형상을 나타내 보이고, 이와 같이 비사의 대중과 수타의 대중과 거사의 대중과 사천왕의 대중과 삼십삼천*의 대중과 야마천의 대중과 도솔타천의 대중과 화락천의 대중과 타화자재천의 대중과 마군의 대중과 범천의 대중과 더 나아가서 아가니타천*의 대중 가운데에서도 각각 그 종류를 따라서 형상을 나타냅니다.

又應以聲聞身得度者　現聲聞形　應以辟支佛身得度者　現
辟支佛形　應以菩薩身得度者　現菩薩形　應以如來身得度
者　現如來形　佛子　菩薩　如是於一切不可說佛國土中　隨諸
衆生　信樂差別　如是如是而爲現身　佛子　此菩薩　遠離一切
身想分別　住於平等　此菩薩　知衆生身　國土身　業報身　聲聞
身　獨覺身　菩薩身　如來身　智身　法身　虛空身　此菩薩　知諸
衆生心之所樂　能以衆生身　作自身　亦作國土身　業報身　乃
至虛空身

또 성문의 몸으로써 제도할 이에게는 성문의 형상을 나타내고, 벽지불의 몸으로써 제도할 이에게는 벽지불의 형상을 나타내며, 보살의 몸으로써 제도할 이에게는 보살의 형상을 나타내고, 여래의 몸으로써 제도할 이에게는 여래의 형상을 나타냅니다.

불자여, 보살이 이와 같이 일체 불가설 수의 부처님 국토 가운데 모든 중생이 믿고 좋아하는 차별을 따라서 이와 같이 이러-히 몸을 나타냅니다.

불자여, 이 보살은 일체 몸이라는 생각과 분별을 멀리 여의어 평등함에 머뭅니다.

이 보살이 중생의 몸과 국토의 몸과 업보의 몸과 성문의 몸과 독각의 몸과 보살의 몸과 여래의 몸과 지혜의 몸과 법의 몸과 허공의 몸을 압니다.

이 보살은 모든 중생의 마음에 즐거워하는 바를 알아 중생의 몸으로써 자신의 몸을 짓기도 하고, 또한 국토의 몸과 업보의 몸과 더 나아가서 허공의 몸을 짓기도 합니다.

又知衆生心之所樂 能以國土身 作自身 亦作衆生身 業報身
乃至虛空身 又知諸衆生心之所樂 能以業報身 作自身 亦
作衆生身 國土身 乃至虛空身 又知衆生心之所樂 能以自身
作衆生身 國土身 乃至虛空身 隨諸衆生 所樂不同 則於此
身 現如是形 此菩薩 知衆生 集業身 報身 煩惱身 色身 無
色身 又知國土身 小相大相 無量相 染相淨相

또 중생들의 마음에 즐거워하는 바를 알아 국토의 몸으로써 자신의 몸을 짓기도 하고, 또한 중생의 몸과 업보의 몸과 더 나아가서 허공의 몸을 짓기도 합니다.

또 모든 중생의 마음에 즐거워하는 바를 알아 업보의 몸으로써 자신의 몸을 짓기도 하고, 또한 중생의 몸과 국토의 몸과 더 나아가서 허공의 몸을 짓기도 합니다.

또 중생들의 마음에 즐거워하는 바를 알아 자신의 몸으로써 중생의 몸과 국토의 몸과 더 나아가서 허공의 몸을 짓기도 합니다.

모든 중생의 즐거워하는 바가 같지 않음을 따라 곧 이 몸으로 이와 같은 형상을 나타냅니다.

이 보살이 중생의 업이 모인 몸과 과보의 몸과 번뇌의 몸과 색의 몸과 무색의 몸을 알고, 또 국토의 몸의 작은 상과 큰 상과 한량없는 상과 더러운 상과 깨끗한 상과

廣相 倒住相 正住相 普入相 方網差別相 知業報身 假名
差別 知聲聞身 獨覺身 菩薩身 假名差別 知如來身 有菩提
身 願身 化身 力持身 相好莊嚴身 威勢身 意生身 福德身
法身 智身 知智身 善思量相 如實決擇相 果行所攝相 世間
出世間差別相 三乘差別相 共相不共相 出離相非出離相 學
相無學相 知法身 平等相 不壞相 隨時隨俗假名差別相 衆
生非衆生法差別相 佛法聖僧法差別相

넓은 상과 거꾸로 머무는 상과 바르게 머무는 상과 널리 들어가는 상과 사방으로 그물처럼 펼쳐진 차별된 상을 알며, 업보의 몸이 거짓된 이름으로 차별된 것을 알고, 성문의 몸과 독각의 몸과 보살의 몸이 거짓된 이름으로 차별된 것을 알며, 여래의 몸에 보리의 몸과 서원의 몸과 화한 몸과 힘을 지닌 몸과 상호로 장엄한 몸과 위엄과 세력의 몸과 뜻대로 나는 몸과 복덕의 몸과 법의 몸과 지혜의 몸이 있는 것을 알고, 지혜의 몸에 잘 생각하여 헤아리는 상과 여실하게 결택하는 상과 과위의 행으로 포섭되는 상과 세간과 출세간의 차별된 상과 삼승의 차별된 상과 공통된 상과 공통되지 않는 상과 벗어나는 상과 벗어나지 않는 상과 배우는 상과 배우지 않는 상을 알며, 법의 몸에 평등한 상과 무너지지 않는 상과 때를 따르고 풍속을 따르는 거짓 이름의 차별된 상과 중생과 중생 아닌 법의 차별된 상과 불법과 거룩한 스님의 법의 차별된 상을 알고,

知虛空身 無量相 周徧相 無形相 無異相 無邊相 顯現色
身相 佛子 菩薩 成就如是身智已 得命自在 心自在 財自在
業自在 生自在 願自在 解自在 如意自在 智自在 法自在 得此
十自在故 則爲不思議智者 無量智者 廣大智者 無能壞智
者 此菩薩 如是入已 如是成就已 得畢竟無過失身業 無過
失語業 無過失意業

허공의 몸의 한량없는 상과 두루 가득한 상과 형상이 없는 상과 다름이 없는 상과 끝없는 상과 색의 몸을 나타내는 상을 압니다.

불자여, 보살이 이와 같은 몸의 지혜를 성취하고 나서는 목숨의 자재함과 마음의 자재함과 재물의 자재함과 업의 자재함과 태어남의 자재함과 서원의 자재함과 앎의 자재함과 뜻과 같이 자재함과 지혜의 자재함과 법의 자재함을 얻습니다.

이 열 가지 자재함을 얻는 까닭으로 곧 부사의하게 지혜로운 이와 한량없이 지혜로운 이와 광대하게 지혜로운 이와 무너뜨릴 수 없이 지혜로운 이가 됩니다.

이 보살이 이와 같이 들어가고, 이와 같이 성취하고 나서는 마침내 허물이 없는 몸의 업과 허물이 없는 말의 업과 허물이 없는 뜻의 업을 얻습니다.

身語意業 隨智慧行 般若波羅蜜 增上 大悲爲首 方便善巧
善能分別 善起大願 佛力所護 常勤修習利衆生智 普住無
邊差別世界 佛子 擧要言之 菩薩 住此不動地 身語意業
諸有所作 皆能積集一切佛法 佛子 菩薩 住此地 得善住深
心力 一切煩惱 不行故 得善住勝心力 不離於道故 得善住
大悲力 不捨利益衆生故 得善住大慈力 救護一切世間故
得善住陀羅尼力 不忘於法故

몸과 말과 뜻의 업이 지혜를 따라 행하고, 반야바라밀이 더해져서 대비를 으뜸으로 삼아 공교한 방편으로 잘 분별하며, 대원을 잘 일으켜 부처님의 힘으로 보호한 바가 되고, 항상 부지런히 중생을 이익 되게 하는 지혜를 닦아 익혀서 끝없는 차별의 세계에 널리 머뭅니다.

불자여, 요컨대 보살이 이 부동지에 머물러서 몸과 말과 뜻의 업으로 짓는 모든 것은 다 일체 불법을 모으는 것입니다.

불자여, 보살이 이 지위에 머물러 깊은 마음의 힘에 잘 머무름은 일체 번뇌를 행하지 않는 까닭이고, 수승한 마음의 힘에 잘 머무름은 도를 여의지 않는 까닭이며, 대비의 힘에 잘 머무름은 중생을 이익 되게 하는 것을 버리지 않는 까닭이고, 대자의 힘에 잘 머무름은 일체 세간을 구제하여 보호하는 까닭이며, 다라니의 힘에 잘 머무름은 법을 잊지 않는 까닭이고,

得善住辯才力 善觀察分別一切法故 得善住神通力 普往無
邊世界故 得善住大願力 不捨一切菩薩所作故 得善住波
羅蜜力 成就一切佛法故 得如來護念力 一切種一切智智
現前故 此菩薩 得如是智力 能現一切諸所作事 於諸事中
無有過咎 佛子 此菩薩智地 名爲不動地 無能沮壞故 名爲
不退轉地 智慧無退故 名爲難得地 一切世間 無能測故 名
爲童眞地 離一切過失故

변재의 힘에 잘 머무름은 일체 법을 잘 관찰하여 분별하는 까닭이며, 신통의 힘에 잘 머무름은 널리 끝없는 세계에 가는 까닭이고, 큰 원력에 잘 머무름은 일체 보살의 짓는 바를 버리지 않는 까닭이며, 바라밀의 힘에 잘 머무름은 일체 불법을 성취하는 까닭이고, 여래께서 호념하시는 힘을 얻음은 일체종과 일체지의 지혜가 목전에 나타나는 까닭입니다.

이 보살이 이와 같은 지혜의 힘을 얻어 일체 모든 짓는 바 일을 나타내되 모든 일 가운데 허물이 없습니다.

불자여, 이 보살의 지혜의 지위를 부동지(不動地)라 이름하니 무너뜨릴 수 없는 까닭이고, 퇴전하지 않는 지위〔不退轉地〕라 이름하니 지혜가 물러나지 않는 까닭이며, 얻기 어려운 지위〔難得地〕라 이름하니 일체 세간에서 측량할 수 없는 까닭이고, 천진난만한 동자와 같은 지위〔童眞地〕라 이름하니 일체 허물을 여의는 까닭이며,

名爲生地 隨樂自在故 名爲成地 更無所作故 名爲究竟地
智慧決定故 名爲變化地 隨願成就故 名爲力持地 他不能
動故 名爲無功用地 先已成就故 佛子 菩薩 成就如是智慧
入佛境界 佛功德照 順佛威儀 佛境現前 常爲如來之所護
念 梵釋四王 金剛力士 常隨侍衛 恒不捨離諸大三昧 能現
無量諸身差別 於一一身 有大勢力 報得神通 三昧自在 隨
有可化衆生之處 示成正覺

내는 지위〔生地〕라 이름하니 즐거움을 따라서 자재하는 까닭이고, 이루어진 지위〔成地〕라 이름하니 다시 지을 바가 없는 까닭이며, 구경의 지위〔究竟地〕라 이름하니 지혜가 결정한 까닭이고, 변화하는 지위〔變化地〕라 이름하니 서원을 따라 성취하는 까닭이며, 힘을 지닌 지위〔力持地〕라 이름하니 다른 이가 움직이게 할 수 없는 까닭이고, 공용이 없는 지위〔無功用地〕라 이름하니 앞서 이미 성취한 까닭입니다.

불자여, 보살이 이와 같은 지혜를 성취하여서 부처님의 경계에 들어가고 부처님의 공덕을 비추며 부처님 위의를 따르고 부처님의 경계가 목전에 나타나니, 항상 여래의 호념하시는 바가 되어 범천왕과 제석천왕과 사천왕과 금강역사가 항상 따라 모시어 호위하고, 모든 큰 삼매를 항상 여의어 버리지 않고 한량없는 모든 몸의 차별을 나타내며, 낱낱의 몸에 큰 세력이 있어 과보로 신통을 얻고, 삼매를 자재하여 교화할 중생이 있는 곳을 따라서 정각을 이룸을 보입니다.

佛子 菩薩 如是入大乘會 獲大神通 放大光明 入無礙法界
知世界差別 示現一切諸大功德 隨意自在 善能通達前際後
際 普伏一切魔邪之道 深入如來所行境界 於無量國土 修
菩薩行 以能獲得不退轉法 是故說名住不動地 佛子 菩薩
住此不動地已 以三昧力 常得現見無量諸佛 恒不捨離 承
事供養 此菩薩 於一一劫 一一世界 見無量百佛 無量千佛
乃至無量百千億那由他佛 恭敬尊重 承事供養 一切資生
悉以奉施

불자여, 보살이 이와 같이 대승의 모임에 들어가서 큰 신통을 얻고 큰 광명을 놓아 걸림 없는 법계에 들어가고, 세계의 차별함을 알아서 일체 모든 큰 공덕을 나타내 보이고 뜻을 따라 자재하며, 과거와 미래를 잘 통달하여 일체 마군과 삿된 도를 널리 조복시키고, 여래께서 행하시는 경계에 깊이 들어가 한량없는 국토에서 보살행을 닦아서 물러나지 않는 법을 얻으니, 이런 까닭으로 부동지에 머무는 것이라 이름합니다.

불자여, 보살이 이 부동지에 머물러서는 삼매의 힘으로써 한량없는 모든 부처님께서 항상 나타나심을 보고, 늘 여의지 않고 받들어 섬기며 공양 올립니다.

이 보살이 낱낱의 겁과 낱낱의 세계에 무량 백 부처님과 무량 천 부처님과 더 나아가서 무량 백천억 나유타 수의 부처님을 친견하여 공경하고 존중하며 받들어 섬기고 공양을 올려 일체 생활에 필요한 물건을 다 받들어 보시합니다.

於諸佛所 得於如來甚深法藏 受世界差別等無量法明 若有
問難世界差別 如是等事 無能屈者 如是經於無量百劫 無
量千劫 乃至無量百千億那由他劫 所有善根 轉增明淨 譬
如眞金 治作寶冠 置閻浮提主聖王頂上 一切臣民 諸莊嚴
具 無與等者 此地菩薩 所有善根 亦復如是 一切二乘 乃
至第七地菩薩 所有善根 無能及者 以住此地大智光明 普
滅衆生 煩惱黑闇 善能開闡智慧門故

모든 부처님 처소에서 여래의 매우 깊은 법의 보배장을 얻고, 차별된 세계와 같이 한량없는 법명을 받아서 만약 어떤 이가 세계의 차별에 대해 어려운 질문을 하더라도 이와 같은 일에는 굴함이 없습니다.

이와 같이 무량 백 겁과 무량 천 겁과 더 나아가서 무량 백천억 나유타 수의 겁을 지나도록 모든 선근이 더욱더 밝고 청정해집니다.

비유하면 진금으로 보배관을 만들어 염부제의 주인인 성왕이 머리에 쓰면 일체 신하와 백성의 모든 장엄구로는 더불어 견줄 것이 없듯이, 이 지위의 보살의 모든 선근도 또한 다시 이와 같아서 모든 이승과 더 나아가 제7지 보살이 가진 선근으로는 미칠 수 없으니, 이 지위에 머무는 큰 지혜의 광명으로 널리 중생들의 캄캄한 번뇌를 멸하고 지혜의 문을 잘 열어 알리는 까닭입니다.

佛子 譬如千世界主大梵天王 能普運慈心 普放光明 滿千
世界 此地菩薩 亦復如是 能放光明 照百萬佛刹微塵數世
界 令諸衆生 滅煩惱火 而得淸涼 此菩薩 十波羅蜜中 願
波羅蜜 增上 餘波羅蜜 非不修行 但隨力隨分 是名略說諸
菩薩摩訶薩 第八不動地 若廣說者 經無量劫 不可窮盡 佛
子 菩薩摩訶薩 住此地 多作大梵天王 主千世界 最勝自在
善說諸義 能與聲聞辟支佛諸菩薩 波羅蜜道 若有問難世界
差別 無能退屈

불자여, 비유하면 천 세계의 주인인 대범천왕이 자비심을 널리 운용하여 광명을 두루 놓아서 천 세계에 가득하게 하듯이, 이 지위의 보살도 또한 다시 이와 같아서 광명을 놓아 백만 부처님세계 가는 티끌 수 만큼의 세계를 비추어 모든 중생으로 하여금 번뇌의 불을 소멸하여 청량함을 얻게 합니다.

이 보살은 십바라밀 가운데 원바라밀이 더 위이고, 나머지 바라밀을 닦아 행하지 않는 것은 아니지만 다만 힘을 따르고 분을 따릅니다.

이것을 모든 보살마하살의 제8 부동지를 간략히 설한 것이라 이름하니, 만약 널리 설한다면 무량 겁을 지날지라도 다할 수 없습니다.

불자여, 보살마하살이 이 지위에 머물러 흔히 대범천왕이 되어서 천 세계를 주관하고, 가장 뛰어나게 자재하여 모든 이치를 잘 설하며, 성문과 벽지불과 모든 보살에게 바라밀의 도를 베풀어 주고, 만약 세계의 차별에 대해 어려운 질문을 하더라도 물러남이 없습니다.

布施愛語利行同事 如是一切諸所作業 皆不離念佛 乃至不
離念一切種 一切智智 復作是念 我當於一切衆生中 爲首
爲勝 乃至爲一切智智依止者 此菩薩 若以發起大精進力
於一念頃 得百萬三千大千世界微塵數三昧 乃至示現百萬
三千大千世界微塵數菩薩 以爲眷屬 若以菩薩殊勝願力 自
在示現 過於是數 乃至百千億那由他劫 不能數知

보시와 애어와 이행과 동사, 이와 같이 일체 모든 짓는 업은 다 부처님을 생각하는 것을 여의지 않고, 더 나아가서 일체종과 일체지의 지혜를 생각함을 여의지 않는 것입니다.

다시 이런 생각을 하기를 '내가 마땅히 일체 중생 가운데 으뜸이 되고, 뛰어남이 되며, 더 나아가서 일체지의 지혜에 의지하는 이가 되리라.'라고 합니다.

이 보살이 만약 크게 정진하는 힘을 발하면 온통인 생각으로 백만 삼천대천세계 가는 티끌 수 만큼의 삼매를 얻고, 더 나아가서 백만 삼천대천세계 가는 티끌 수 만큼의 보살을 나타내 보여 권속으로 삼습니다.

만약 보살의 수승한 원력으로써 자재하게 나타내 보이면, 이 수를 지나 더 나아가서 백천억 나유타 수의 겁 동안 세어도 알 수 없습니다."

爾時 金剛藏菩薩 欲重宣其義 而說頌曰

七地修治方便慧
善集助道大願力
復得人尊所攝持
爲求勝智登八地

功德成就恒慈愍
智慧廣大等虛空
聞法能生決定力
是則寂滅無生忍

이때 금강장보살이 그 뜻을 거듭 펴고자 게송으로 말하였다.

제7지에서 방편의 지혜를 닦아 다스리고
도를 돕는 큰 원력을 잘 모으며
거듭 부처님〔人尊〕의 거두어 주심을 얻어서
뛰어난 지혜를 구하기 위하여 제8지에 오르네

공덕을 성취하여서 항상 사랑하고 불쌍히 여기며
지혜의 광대함이 허공과 같아서
법을 듣고 결정한 힘을 내니
이것이 곧 적멸한 무생법인이라네

知法無生無起相
無成無壞無盡轉
離有平等絕分別
超諸心行如空住

成就是忍超戲論
甚深不動恒寂滅
一切世間無能知
心相取着悉皆離

住於此地不分別
譬如比丘入滅定
如夢渡河覺則無
如生梵天絕下欲

법이란 남도 없고 일어나는 상도 없으며
이루어짐도 없고 무너짐도 없으며 다함도 바뀜도 없음을 알아
있음을 여의어 평등하니 분별이 끊어져
모든 마음의 행을 초월하여 허공과 같이 머무르네

이 인(忍)을 성취하면 희론을 초월하여
매우 깊고 동요하지 않아 항상 적멸하니
일체 세간이 알 수 없고
마음의 상을 취하고 집착함을 모두 여의네

이 지위에 머무르면 분별이 없으니
비유하면 비구가 멸진정에 든 것과 같고
꿈에 강을 건너지만 깨고 나면 곧 없는 것과 같으며
범천에 나서 욕계의 욕심을 끊음과 같네

以本願力蒙勸導
歎其忍勝與灌頂
語言我等衆佛法
汝今未獲當勤進

汝雖已滅煩惱火
世間惑焰猶熾然
當念本願度衆生
悉使修因趣解脫

法性眞常離心念
二乘於此亦能得
不以此故爲世尊
但以甚深無礙智

본래의 원력으로 권하여 인도함을 입으니
그 수승한 인(忍)을 찬탄하고 관정하며
말씀하시기를 우리의 온갖 불법을
그대는 지금 아직 얻지 못했으니 부지런히 정진해야 하느니라

그대는 비록 이미 번뇌의 불을 멸했으나
세간에는 미혹의 불꽃이 오히려 활활 타오르니
중생을 제도하려는 본래의 서원을 생각하여
모두 인(因)을 닦아 해탈로 나아가게 해야 하느니라

법성은 참답고 항상하여 마음의 생각을 여의었으니
이승들도 또한 이것을 능히 얻을 수 있지만
이것으로는 세존이 되지 못하며
다만 매우 깊고 걸림 없는 지혜로써만 될 뿐이니라

如是人天所應供
與此智慧令觀察
無邊佛法悉得成
一念超過曩衆行

菩薩住茲妙智地
則獲廣大神通力
一念分身徧十方
如船入海因風濟

心無功用任智力
悉知國土成壞住
諸界種種各殊異
小大無量皆能了

이와 같이 인간과 천상의 공양을 받는 분〔應供〕께서
이 지혜를 베풀어 관찰하게 하시니
끝없는 불법을 다 이루어
온통인 생각으로 지난 옛적의 온갖 행을 뛰어님네

보살이 이 묘한 지혜의 지위에 머물러
곧 광대한 신통력을 얻고
온통인 생각으로 몸을 나누어 시방에 두루함이
배가 바다에 들어가 바람에 의해 건너는 것과 같네

마음에 공용이 없이 지혜의 힘에 맡겨서
국토의 이루어짐과 무너짐과 머무름을 다 알고
모든 세계가 갖가지로 각각 다름과
작고 큼이 한량없음을 모두 아네

三千世界四大種
六趣衆生身各別
及以衆寶微塵數
以智觀察悉無餘

菩薩能知一切身
爲化衆生同彼形
國土無量種種別
悉爲現形無不徧

譬如日月住虛空
一切水中皆現影
住於法界無所動
隨心現影亦復然

삼천세계의 사대종*과
각각 차별된 육도중생의 몸과
온갖 보배 가는 티끌 수를
지혜로 모두 남음 없이 관찰하네

보살이 일체의 몸을 알고
중생들을 교화하기 위해 그들의 형상과 같이 하니
한량없는 국토가 갖가지로 차별되지만
형상을 나타내어 두루하지 않음이 없네

비유하면 해와 달이 허공에 머물면서
일체의 물 가운데 그림자를 나타내듯이
움직이는 바 없이 법계에 머물지만
마음을 따라 그림자를 나타냄도 또한 다시 그러하네

隨其心樂各不同
一切衆中皆現身
聲聞獨覺與菩薩
及以佛身靡不現

衆生國土業報身
種種聖人智法身
虛空身相皆平等
普爲衆生而示作

十種聖智普觀察
復順慈悲作衆業
所有佛法皆成就
持戒不動如須彌

그 마음에 즐거워함이 각각 같지 않음을 따라서
일체 중생 가운데 모두 몸을 나타내니
성문과 독각과 보살과
부처님의 몸까지도 나타내지 않음이 없네

중생과 국토와 업보의 몸과
여러 성인의 지혜의 몸과 법의 몸과
허공의 몸의 상까지도 모두 평등하여
중생을 위해 두루 나타내네

열 가지 성스러운 지혜로 널리 관찰하고
다시 자비를 따라 온갖 업을 지어
모든 불법을 다 성취하니
지계가 수미산과 같이 움직임이 없네

十力成就不動搖

一切魔衆無能轉

諸佛護念天王禮

密跡金剛恒侍衛

此地功德無邊際

千萬億劫說不盡

復以供佛善益明

如王頂上莊嚴具

菩薩住此第八地

多作梵王千界主

演說三乘無有窮

慈光普照除衆惑

십력을 성취하여 동요하지 않으니
일체 마의 무리도 휘두를 수 없고
모든 부처님께서 호념하시어 천왕이 예경하며
밀적금강*이 항상 곁에서 호위하네

이 지위의 공덕이 끝이 없어서
천만억 겁 동안 설하여도 다할 수 없지만
또 부처님께 공양 올림으로 선근이 더욱 밝아짐이
마치 왕의 정수리 위의 장엄구와 같네

보살이 이 제8지에 머물러
흔히 천 세계의 주인인 범왕이 되어서
삼승법을 널리 펴 설함이 다함이 없고
자비 광명을 두루 비추어 온갖 미혹을 없애네

一念所獲諸三昧
百萬世界微塵等
諸所作事悉亦然
願力示現復過是

菩薩第八不動地
我爲汝等已略說
若欲次第廣分別
經於億劫不能盡

온통인 생각으로 얻은 모든 삼매가
백만 세계의 가는 티끌 수와 같고
모든 짓는 바 일이 다 또한 그러하나
원력으로 나타내 보이면 다시 이를 지나네

보살의 제8 부동지를
내가 그대들을 위해 간략히 설하였지만
만약 차례로 널리 분별하려 한다면
억겁을 지나더라도 다할 수 없네

說此菩薩八地時
如來現大神通力
震動十方諸國土
無量億數難思議

一切知見無上尊
其身普放大光明
照耀彼諸無量土
悉使衆生獲安樂

菩薩無量百千億
俱時踊在虛空住
以過諸天上妙供
供養說中最勝者

9) 제9 선혜지(善慧地) *

이 보살이 8지를 설할 때에
여래께서 큰 신통력을 나타내시어
시방의 모든 국토를 진동시키니
한량없는 억의 수라 사의하기 어렵네

일체를 알고 보시는 부처님[無上尊]께서
그 몸으로 큰 광명을 두루 놓으시어
저 모든 한량없는 국토를 밝게 비추어
중생들로 하여금 다 안락을 얻게 하네

한량없는 백천억 보살들이
동시에 함께 뛰어올라 허공에 머물러 있으면서
모든 천상보다 더 훌륭한 공양으로
설법에 가장 뛰어나신 이에게 공양 올리네

大自在王自在天
悉共同心喜無量
各以種種衆供具
供養甚深功德海

復有天女千萬億
身心歡喜悉充徧
各奏樂音無量種
供養人中大導師

是時衆樂同時奏
百千萬億無量別
悉以善逝威神力
演出妙音而讚歎

대자재천왕과 자재천이

모두 함께 같은 마음으로 한량없이 기뻐하면서

각각 갖가지 온갖 공양구로

매우 깊은 공덕 바다에 공양 올리네

다시 천만억의 천녀들이

몸과 마음에 기쁨이 다 충만하여서

각각 한량없는 종류의 음악을 연주하여

부처님〔人中大導師〕께 공양 올리네

이때 여러 음악을 동시에 연주하니

백천만 억으로 한량없이 다르나

모두 부처님〔善逝〕의 위신력으로써

묘한 소리를 연출해 찬탄하네

寂靜調柔無垢害
隨所入地善修習
心如虛空詣十方
廣說佛道悟群生

天上人間一切處
悉現無等妙莊嚴
以從如來功德生
令其見者樂佛智

不離一刹詣衆土
如月普現照世間
音聲心念悉皆滅
譬猶谷響無不應

고요하고 유순하며 때가 없어
들어가는 지위를 따라 잘 닦아 익히니
허공과 같은 마음으로 시방에 이르러
부처님의 도를 널리 설해 중생들을 깨닫게 하네

천상과 인간 일체의 곳에
비할 바 없는 묘한 장엄을 나타냄이
여래의 공덕으로 생겨난 것이라
그 보는 이들로 하여금 부처님의 지혜를 즐기게 하네

한 세계도 여의지 않고 여러 국토에 이르르는 것이
마치 달이 세간을 두루 비추는 것과 같아서
음성과 마음의 생각이 모두 다 멸했다 하지만
비유하면 골짜기의 메아리가 응하지 않음이 없는 것과 같네

若有衆生心下劣
爲彼演說聲聞行
若心明利樂辟支
則爲彼說中乘道

若有慈悲樂饒益
爲說菩薩所行事
若有最勝智慧心
則示如來無上法

譬如幻師作衆事
種種形相皆非實
菩薩智幻亦如是
雖現一切離有無

만약 마음이 하열한 중생이 있으면
그를 위해 성문의 행을 널리 펴 설해 주고
만약 마음이 밝고 예리해 벽지불을 좋아하면
곧 그를 위해 중승*의 도를 설해 주네

만약 자비심이 있어 넉넉히 이익 되게 하기를 좋아하면
보살의 행할 일을 설해 주고
만약 가장 뛰어난 지혜의 마음이 있으면
곧 여래의 위 없는 법을 보여 주네

비유하면 요술사가 온갖 일을 지어내지만
갖가지 형상이 모두 실다운 것이 아니듯이
보살의 지혜의 요술도 또한 이와 같아서
비록 일체를 나타내지만 있고 없음을 여의었네

如是美音千萬種
歌讚佛已黙然住
解脫月言今衆淨
願說九地所行道

爾時 金剛藏菩薩 告解脫月菩薩言 佛子 菩薩摩訶薩 以如
是無量智 思量觀察 欲求轉勝寂滅解脫 復修習如來智慧
入如來祕密法 觀察不思議大智性 淨諸陀羅尼三昧門 具廣
大神通 入差別世界 修力無畏不共法 隨諸佛轉法輪 不捨
大悲本願力 得入菩薩第九善慧地

이와 같이 천만 가지의 아름다운 음성으로
부처님을 찬탄하는 노래를 하고는 묵연히 머무르자
해탈월보살이 말하기를 이제 대중이 청정해졌으니
원하건대 제9지의 행할 도를 설하여 주소서

이때 금강장보살이 해탈월보살에게 말하였다.
"불자여, 보살마하살이 이와 같은 한량없는 지혜로써
헤아려 관찰하고, 더욱 더 수승한 적멸의 해탈을 구하
고자 하여 다시 여래의 지혜를 닦아 익혀 여래의 비밀
한 법에 들어가며, 부사의한 큰 지혜의 성품을 관찰하
고, 모든 다라니와 삼매의 문을 깨끗하게 하며, 광대한
신통을 갖추고, 차별된 세계에 들어가며, 십력과 사무소
외와 불공불법을 닦고, 모든 부처님을 따라 법륜을 굴리
며, 대비의 본래 원력을 버리지 않으면 보살의 제9 선혜
지에 들어갑니다.

佛子 菩薩摩訶薩 住此善慧地 如實知善不善無記法行 有
漏無漏法行 世間出世間法行 思議不思議法行 定不定法行
聲聞獨覺法行 菩薩行法行 如來地法行 有爲法行 無爲法
行 此菩薩 以如是智慧 如實知衆生心稠林 煩惱稠林 業稠
林 根稠林 解稠林 性稠林 樂欲稠林 隨眠稠林 受生稠林
習氣相續稠林 三聚差別稠林 此菩薩 如實知衆生心種種
相 所謂雜起相 速轉相 壞不壞相 無形質相 無邊際相

불자여, 보살마하살이 이 선혜지에 머물러 착하고 착하지 않음*과 무기의 법*의 행과 유루와 무루의 법의 행과 세간과 출세간의 법의 행과 사의와 부사의의 법의 행과 결정하고 결정하지 않는 법의 행과 성문과 독각의 법의 행과 보살행의 법의 행과 여래지의 법의 행과 유위의 법의 행과 무위의 법의 행을 여실하게 압니다.

이 보살이 이와 같은 지혜로써 중생들의 마음의 빽빽한 숲과 번뇌의 빽빽한 숲과 업의 빽빽한 숲과 근의 빽빽한 숲과 이해의 빽빽한 숲과 성품의 빽빽한 숲과 욕락의 빽빽한 숲과 수면*의 빽빽한 숲과 수생의 빽빽한 숲과 습기가 서로 이어지는 빽빽한 숲과 삼취(三聚)*가 차별된 빽빽한 숲을 여실하게 압니다.

이 보살이 중생들 마음의 갖가지 상을 여실하게 아니, 섞여 일어나는 상과 빨리 바뀌는 상과 무너지고 무너지지 않는 상과 형상도 바탕도 없는 상과 끝이 없는 상과

淸淨相 垢無垢相 縛不縛相 幻所作相 隨諸趣生相 如是
百千萬億 乃至無量 皆如實知 又知諸煩惱種種相 所謂久
遠隨行相 無邊引起相 俱生不捨相 眠起一義相 與心相應
不相應相 隨趣受生而住相 三界差別相 愛見癡慢如箭深入
過患相 三業因緣不絶相 略說乃至八萬四千 皆如實知

청정한 상과 때묻고 때묻지 않는 상과 묶이고 묶이지 않는 상과 환으로 짓는 상과 모든 취(趣)를 따라 나는 상과 이와 같은 백천만 억과 더 나아가서 한량없는 것을 모두 여실하게 압니다.

　또 모든 번뇌의 갖가지 상을 아니, 오래전부터 따라 다니는 상과 끝없이 이끌려 일어나는 상과 나면서부터 갖추어져〔俱生〕* 버리지 못하는 상과 수면의 일어남이 한 뜻인〔眠起一義〕* 상과 마음으로 더불어 서로 응하고 응하지 않는 상과 취를 따라 태어나서 머무는 상과 삼계의 차별된 상과 애욕의 소견과 어리석고 거만함이 화살과 같이 깊이 들어가 근심하는 상과 세 가지 업의 인연이 끊어지지 않는 상과 간략히 말하면 내지 팔만사천 가지를 모두 여실하게 압니다.

又知諸業種種相 所謂善不善 無記相 有表示無表示相 與
心同生不離相 因自性刹那壞而次第集果不失相 有報無報
相 受黑黑等衆報相 如田無量相 凡聖差別相 現受生受後
受相 乘非乘定不定相 略說乃至八萬四千 皆如實知 又知
諸根軟中勝相 先際後際差別無差別相 上中下相 煩惱俱生
不相離相 乘非乘定不定相 淳熟調柔相

또 모든 업의 갖가지 상을 아니, 착하고 착하지 않음과 무기의 상과 표시할 수 있고 표시할 수 없는 상과 마음과 함께 나서 여읠 수 없는 상과 자신의 성품으로 인하여 찰나에 무너지지만 차례로 모은 과보를 잃지 않는 상과 과보가 있고 과보가 없는 상과 흑흑(黑黑)* 등의 온갖 과보를 받는 상과 밭과 같이 한량없는 상과 범부와 성인의 차별상과 현재 받음과 나서 받음과 뒤에 받음의 상과 승(乘)과 승 아닌 것을 결정하고 결정하지 않는 상과 간략히 말하면 내지 팔만사천 가지를 모두 여실하게 압니다.

또 모든 근기의 하품과 중품과 상품인 상을 아니, 과거와 미래의 차별과 차별 없는 상과 상·중·하의 상과 번뇌가 함께 나서 서로 여의지 않는 상과 승(乘)과 승 아닌 것을 결정하고 결정하지 않는 상과 성숙되어 부드러운 상과

隨根網輕轉壞相 增上無能壞相 退不退差別相 遠隨共生不
同相 略說乃至八萬四千 皆如實知 又知諸解軟中上 諸性
軟中上 樂欲軟中上 皆略說乃至八萬四千 又知諸隨眠種種
相 所謂與深心共生相 與心不共生相 心相應不相應差別
相 久遠隨行相 無始不拔相 與一切禪定解脫三昧三摩鉢
底神通相違相 三界相續受生繫縛相 令無邊心相續現起相
開諸處門相 堅實難治相

근의 그물을 따라 가볍게 굴러 무너지는 상과 더하여서 파괴할 수 없는 상과 물러나고 물러나지 않는 차별상과 오래 따라다니며 함께 나지만 같지 않은 상과 간략히 말하면 내지 팔만사천 가지를 모두 여실하게 압니다.

또 모든 이해가 하품·중품·상품인 것과 모든 성품이 하품·중품·상품인 것과 욕락이 하품·중품·상품인 것을 아니, 모두 간략히 말하면 내지 팔만사천 가지입니다.

또 모든 수면의 갖가지 상을 아니, 깊은 마음과 더불어 함께 나는 상과 마음과 더불어 함께 나지 않는 상과 마음과 서로 응하고 서로 응하지 않는 것이 차별된 상과 오래 전부터 따라다니는 상과 비롯함이 없어 뽑지 못하는 상과 일체 선정과 해탈과 삼매와 삼마발저와 신통과 더불어 서로 어기는 상과 삼계에 계속해서 태어나 얽히고 묶이는 상과 끝없는 마음이 계속하여 일어나 나타나는 상과 모든 곳의 문을 여는 상과 견실하여 다스리기 어려운 상과

地處成就不成就相 唯以聖道拔出相 又知受生種種相 所謂
隨業受生相 六趣差別相 有色無色差別相 有想無想差別
相 業爲田 愛水潤 無明暗覆 識爲種子 生後有芽相 名色俱
生不相離相 癡愛希求續有相 欲受欲生 無始樂着相 妄謂
出三界貪求相 又知習氣種種相 所謂行不行差別相 隨趣熏
習相 隨衆生行熏習相 隨業煩惱熏習相 善不善無記熏習相
隨入後有熏習相 次第熏習相

지위와 처소를 성취하고 성취하지 못한 상과 오직 성인의 도로써 뽑아내는 상입니다.

또 수생의 갖가지 상을 아니, 업을 따라 수생하는 상과 육도의 차별된 상과 색이 있고 색이 없는 차별된 상과 생각이 있고 생각이 없는 차별된 상과 업은 밭이 되고 애욕의 물로 적시며 무명으로 어둡게 덮이고 식이 종자가 되어 태어난 뒤에 싹이 나게 하는 상과 명색이 함께 나서 서로 여의지 않는 상과 어리석음과 애착으로 계속하여 있기를 바라고 구하는 상과 받고자 하고 나고자 하여 비롯함이 없이 즐기며 집착하는 상과 허망하게 삼계에 나려고 하여 탐하고 구하는 상입니다.

또 습기의 갖가지 상을 아니, 행하고 행하지 않는 차별된 상과 취를 따라 훈습하는 상과 중생의 행을 따라 훈습하는 상과 업과 번뇌를 따라 훈습하는 상과 착하고 착하지 않음과 무기를 훈습하는 상과 미래에 받을 과보를 따라 들어감을 훈습하는 상과 차례로 훈습하는 상과

不斷煩惱遠行不捨熏習相 實非實熏習相 見聞親近聲聞獨
覺菩薩如來熏習相 又知衆生 正定邪定不定相 所謂正見正
定相 邪見邪定相 二俱不定相 五逆邪定相 五根正定相 二
俱不定相 八邪邪定相 正性正定相 更不作二俱離不定相
深着邪法邪定相 習行聖道正定相 二俱捨不定相

번뇌를 끊지 않고 오래 행하여 버리지 않음을 훈습하는 상과 실답고 실답지 않음을 훈습하는 상과 성문과 독각과 보살과 여래를 보고 듣고 친근히 함을 훈습하는 상입니다.

또 중생의 정정(正定)*과 사정(邪定)*과 부정(不定)*의 상을 아니, 바른 견해로 바르게 결정하는 상과 삿된 견해로 삿되게 결정하는 상과 두 가지를 다 결정하지 못하는 상, 오역*으로 삿되게 결정하는 상과 오근으로 바르게 결정하는 상과 두 가지를 다 결정하지 못하는 상, 팔사*로 삿되게 결정하는 상과 바른 성품으로 바르게 결정하는 상과 다시 두 가지를 짓지 않고 다 여의어서 결정하지 못하는 상, 삿된 법에 깊이 집착하여 삿되게 결정하는 상과 성인의 도를 익히고 행하여 바르게 결정하는 상과 두 가지를 다 버려서 결정하지 못하는 상입니다.

佛子 菩薩 隨順如是智慧 名住善慧地 住此地已 了知衆生
諸行差別 敎化調伏 令得解脫 佛子 此菩薩 善能演說聲聞
乘法 獨覺乘法 菩薩乘法 如來地法 一切行處 智隨行故
能隨衆生 根性欲解 所行有異 諸聚差別 亦隨受生 煩惱眠
縛 諸業習氣 而爲說法 令生信解 增益智慧 各於其乘 而
得解脫 佛子 菩薩 住此善慧地 作大法師 具法師行 善能
守護如來法藏 以無量善巧智 起四無礙辯 用菩薩言辭 而
演說法

불자여, 보살이 이와 같은 지혜를 수순하는 것을 선혜지에 머무는 것이라 이름하니, 이 지위에 머물러서는 중생의 모든 행의 차별을 분명히 알아 조복시켜 교화하여 해탈을 얻게 합니다.

불자여, 이 보살이 성문승의 법과 독각승의 법과 보살승의 법과 여래 지위의 법을 널리 펴 잘 설하니, 일체 행할 곳에 지혜를 따라 행하는 까닭으로 중생의 근기와 성품과 욕망과 이해와 행하는 바가 다름과 모든 취(聚)의 차별을 따르고, 또한 수생함과 번뇌와 수면에 얽힘과 모든 업의 습기를 따라 법을 설하여서 믿음과 깨달음을 내게 하고 지혜를 더하게 하여 각각 그들의 승에서 해탈을 얻게 합니다.

불자여, 보살이 이 선혜지에 머물러 큰 법사가 되고 법사의 행을 갖추어서 여래의 법의 보배장을 잘 수호하니 한량없이 공교한 지혜로 네 가지 걸림 없는 변재를 일으켜 보살의 말로써 법을 널리 펴 설합니다.

此菩薩 常隨四無礙智轉 無暫捨離 何等 爲四 所謂法無礙
智 義無礙智 辭無礙智 樂說無礙智 此菩薩 以法無礙智
知諸法自相 義無礙智 知諸法別相 辭無礙智 無錯謬說 樂
說無礙智 無斷盡說 復次以法無礙智 知諸法自性 義無礙
智 知諸法生滅 辭無礙智 安立一切法不斷說 樂說無礙智
隨所安立不可壞無邊說

이 보살은 항상 네 가지 걸림 없는 지혜를 따라 굴림을 잠시도 여의어 버리지 않습니다.

어떤 것을 넷이라 합니까? 법에 걸림 없는 지혜와 뜻에 걸림 없는 지혜와 말에 걸림 없는 지혜와 설하기를 즐김에 걸림 없는 지혜입니다.

이 보살이 법에 걸림 없는 지혜로 모든 법의 자체의 상〔自相〕을 알고, 뜻에 걸림 없는 지혜로 모든 법의 차별된 상을 알며, 말에 걸림 없는 지혜로 그릇됨이 없이 설하고, 설하기를 즐김에 걸림 없는 지혜로 끊어짐이 없이 설합니다.

또 법에 걸림 없는 지혜로 모든 법의 자성을 알고, 뜻에 걸림 없는 지혜로 모든 법의 생멸을 알며, 말에 걸림 없는 지혜로 일체 법을 안립하여 끊어지지 않게 설하고, 설하기를 즐김에 걸림 없는 지혜로 안립한 바를 따라 무너뜨리지 않고 끝없이 설합니다.

復次以法無礙智 知現在法差別 義無礙智 知過去未來法
差別 辭無礙智 於去來今法 無錯謬說 樂說無礙智 於一一
世 無邊法 明了說 復次以法無礙智 知法差別 義無礙智 知
義差別 辭無礙智 隨其言音說 樂說無礙智 隨其心樂說 復
次法無礙智 以法智 知差別不異 義無礙智 以比智 知差別
如實 辭無礙智 以世智 差別說 樂說無礙智 以第一義智
善巧說

또 법에 걸림 없는 지혜로 현재 법의 차별을 알고, 뜻
에 걸림 없는 지혜로 과거와 미래 법의 차별을 알며, 말
에 걸림 없는 지혜로 과거와 미래와 현재의 법을 그릇됨
이 없이 설하고, 설하기를 즐김에 걸림 없는 지혜로 낱
낱의 세계에서 끝없는 법을 명료하게 설합니다.

또 법에 걸림 없는 지혜로 법의 차별을 알고, 뜻에 걸
림 없는 지혜로 뜻의 차별을 알며, 말에 걸림 없는 지혜
로 그 말과 음성을 따라서 설하고, 설하기를 즐김에 걸
림 없는 지혜로 그 마음의 즐거워함을 따라 설합니다.

또 법에 걸림 없는 지혜로는 법의 지혜로써 차별하여
다르지 않음을 알고, 뜻에 걸림 없는 지혜로는 비교하는
지혜로써 차별하여 여실함을 알며, 말에 걸림 없는 지혜
로는 세상의 지혜로써 차별하여 설하고, 설하기를 즐김
에 걸림 없는 지혜로는 제일가는 뜻의 지혜로써 공교하
게 설합니다.

復次法無礙智 知諸法一相不壞 義無礙智 知蘊界處諦緣
起善巧 辭無礙智 以一切世間易解了美妙音聲文字說 樂說
無礙智 以轉勝無邊法明說 復次法無礙智 知一乘平等性
義無礙智 知諸乘差別性 辭無礙智 說一切乘無差別 樂說
無礙智 說一一乘無邊法 復次法無礙智 知一切菩薩行智行
法行智隨證 義無礙智 知十地分位義差別

또 법에 걸림 없는 지혜로 모든 법이 온통인 상뿐이어서 무너뜨릴 수 없음을 알고, 뜻에 걸림 없는 지혜로 오온과 십팔계와 십이처와 사성제와 십이연기가 공교함을 알며, 말에 걸림 없는 지혜로 일체 세간에서 알기 쉽게 바꾸어 미묘한 음성과 문자로써 설하고, 설하기를 즐김에 걸림 없는 지혜로 더욱 수승하고 끝없는 법명으로 설합니다.

또 법에 걸림 없는 지혜로 일승의 평등한 성품을 알고, 뜻에 걸림 없는 지혜로 모든 승의 차별된 성품을 알며, 말에 걸림 없는 지혜로 일체 승의 차별 없음을 설하고, 설하기를 즐김에 걸림 없는 지혜로 낱낱 승의 한계없는 법을 설합니다.

또 법에 걸림 없는 지혜로 일체 보살의 행인 지혜의 행과 법의 행을 지혜를 따라 증득함을 알고, 뜻에 걸림 없는 지혜로 십지의 나뉘어진 지위의 뜻이 차별됨을 알며,

辭無礙智 說地道無差別相 樂說無礙智 說一一地無邊行
相 復次法無礙智 知一切如來 一念 成正覺 義無礙智 知
種種時種種處等 各差別 辭無礙智 說成正覺差別 樂說無
礙智 於一一句法 無量劫說不盡 復次法無礙智 知一切如
來 語 力 無所畏 不共佛法 大慈大悲 辯才 方便 轉法輪
一切智智隨證 義無礙智 知如來 隨八萬四千眾生 心行根
解差別音聲 辭無礙智 隨一切眾生行 以如來音聲差別說

말에 걸림 없는 지혜로 지위의 도의 차별 없는 상을 설하고, 설하기를 즐김에 걸림 없는 지혜로 낱낱 지위의 끝없는 행상을 설합니다.

또 법에 걸림 없는 지혜로 일체 여래께서 온통인 생각에 정각을 이룸을 알고, 뜻에 걸림 없는 지혜로 갖가지 때와 갖가지 곳이 각각 차별됨을 알며, 말에 걸림 없는 지혜로 정각을 이루는 차별을 설하고, 설하기를 즐김에 걸림 없는 지혜로 낱낱 글귀의 법을 한량없는 겁 동안 설해도 다하지 못합니다.

또 법에 걸림 없는 지혜로 일체 여래의 말과 십력과 사무소외와 불공불법과 대자대비와 변재와 방편과 법륜을 굴림과 일체지의 지혜를 따라 증득함을 알고, 뜻에 걸림 없는 지혜로 여래께서 팔만사천 중생의 마음의 행과 근기와 이해를 따라 차별하신 음성을 알며, 말에 걸림 없는 지혜로 일체 중생의 행을 따라 여래의 음성으로 차별되게 설하고,

樂說無礙智 隨衆生信解 以如來智淸淨行圓滿說 佛子 菩
薩 住第九地 得如是善巧無礙智 得如來妙法藏 作大法師
得義陀羅尼 法陀羅尼 智陀羅尼 光照陀羅尼 善慧陀羅尼
衆財陀羅尼 威德陀羅尼 無礙門陀羅尼 無邊際陀羅尼 種
種義陀羅尼 如是等百萬阿僧祇陀羅尼門 皆得圓滿 以百萬
阿僧祇善巧音聲辯才門 而演說法 此菩薩 得如是百萬阿僧
祇陀羅尼門已 於無量佛所 一一佛前 悉以如是百萬阿僧祇
陀羅尼門 聽聞正法 聞已不忘 以無量差別門 爲他演說

설하기를 즐김에 걸림 없는 지혜로 중생이 믿어 아는 것을 따라 여래의 지혜로써 청정한 행을 원만하게 설합니다.

불자여, 보살이 제9지에 머물면 이와 같은 공교하고 걸림 없는 지혜를 얻고 여래의 묘한 법의 보배장을 얻어서 큰 법사가 되니, 뜻 다라니와 법 다라니와 지혜 다라니와 광명으로 비추는 다라니와 훌륭한 지혜 다라니와 온갖 재물 다라니와 위덕 다라니와 걸림 없는 문(門) 다라니와 한계가 없는 다라니와 갖가지 뜻의 다라니를 얻고, 이와 같은 등의 백만 아승기 수의 다라니문을 모두 원만히 얻어서 백만 아승기 수의 공교한 음성과 변재의 문으로 법을 널리 펴 설합니다.

이 보살이 이와 같은 백만 아승기 수의 다라니문을 얻고 나서는 한량없는 부처님 처소에 한 분 한 분의 부처님 앞에서 다 이와 같은 백만 아승기 수의 다라니문으로 정법을 듣고, 듣고서는 잊지 않아 한량없는 차별의 문으로 다른 이를 위하여 널리 펴 설합니다.

此菩薩 初見於佛 頭頂禮敬 即於佛所 得無量法門 此所得
法門 非彼聞持諸大聲聞 於百千劫 所能領受 此菩薩 得如
是陀羅尼 如是無礙智 坐於法座 而說於法 大千世界滿中
衆生 隨其心樂差別爲說 唯除諸佛 及受職菩薩 其餘衆會
威德光明 無能與比 此菩薩 處於法座 欲以一音 令諸大衆
皆得解了 即得解了

이 보살이 처음 부처님을 뵙고 이마로 예경하고 곧 부처님 처소에서 한량없는 법문을 얻으니, 이 얻은 법문은 저 듣고 지니기만 하는 모든 큰 성문이 백천 겁 동안에도 받아들일 수 있는 것이 아닙니다.

이 보살이 이와 같은 다라니와 이와 같은 걸림 없는 지혜를 얻어 법좌에 앉아서 법을 설하되, 대천세계 가운데 가득한 중생들의 마음에 즐거워하는 차별을 따라 설하니, 오직 모든 부처님과 직위를 받은 보살들을 제하고는 나머지 모인 대중들은 위덕과 광명을 견줄 수 없습니다.

이 보살이 법좌에 앉아서 온통인 음성으로 모든 대중으로 하여금 다 분명히 알게 하고자 하여 곧 분명한 앎을 얻게 됩니다.

或時 欲以種種音聲 令諸大衆 皆得開悟 或時 心欲放大光明 演說法門 或時 心欲於其身上一一毛孔 皆演法音 或時 心欲乃至三千大千世界 所有一切形無形物 皆悉演出妙法言音 或時 心欲發一言音 周徧法界 悉令解了 或時 心欲一切言音 皆作法音 恒住不滅 或時 心欲一切世界 簫笛鐘鼓 及以歌詠 一切樂聲 皆演法音 或時 心欲於一字中 一切法句 言音差別 皆悉具足

어느 때에는 갖가지 음성으로 모든 대중으로 하여금 다 깨달음을 얻게 하고자 하고, 어느 때에는 마음으로 큰 광명을 놓아서 법문을 널리 펴 설하고자 하며, 어느 때에는 마음으로 그 몸 위의 낱낱 털구멍에서 다 법음을 널리 펴고자 하고, 어느 때에는 마음으로 더 나아가서 삼천대천세계에 있는 일체 형상과 형상이 없는 만물로 모두 묘한 법의 말과 음성을 내고자 하며, 어느 때에는 마음으로 온통인 말과 음성을 내어 법계에 두루하여서 분명히 알게 하고자 하고, 어느 때에는 마음으로 일체 말과 음성이 모두 법음이 되게하여 항상 머물러 멸하지 않게 하고자 하며, 어느 때에는 마음으로 일체 세계의 퉁소와 피리와 종과 북과 시가를 읊음과 일체 음악 소리로 다 법음을 널리 펴고자 하고, 어느 때에는 마음으로 한 글자 가운데 일체 법의 글귀와 말과 음성의 차별을 모두 구족하고자 하며,

或時 心欲令不可說無量世界 地水火風四大聚中 所有微塵
一一塵中 皆悉演出不可說法門 如是所念 一切隨心 無不
得者 佛子 此菩薩 假使三千大千世界所有衆生 咸至其前
一一皆以無量言音 而興問難 一一問難 各各不同 菩薩 於
一念頃 悉能領受 仍以一音 普爲解釋 令隨心樂 各得歡喜
如是乃至不可說世界所有衆生 一刹那間 一一皆以無量言
音 而興問難 一一問難 各各不同 菩薩 於一念頃 悉能領
受 亦以一音 普爲解釋 各隨心樂 令得歡喜

어느 때에는 마음으로 불가설 무량 수 세계의 지ㆍ수ㆍ화ㆍ풍 사대의 모임[聚] 가운데의 모든 가는 티끌의 낱낱 티끌 가운데 모두 불가설 수의 법문을 연출하고자 하니, 이와 같이 생각하는 일체를 마음을 따라 얻지 못함이 없습니다.

불자여, 설사 이 보살이 삼천대천세계의 모든 중생이 다 그 앞에 이르러 낱낱이 모두 한량없는 말과 음성으로써 어려운 질문을 하되 낱낱의 어려운 질문이 각각 같지 않더라도, 보살이 온통인 생각에 모두 받아들이고 오히려 온통인 음성으로 널리 해석하여 마음의 즐거움을 따라서 각각 환희하게 합니다.

이와 같이 더 나아가서 불가설 수의 세계에 있는 중생이 한 찰나간에 낱낱이 한량없는 말과 음성으로 어려운 질문을 하되 낱낱의 어려운 질문이 각각 같지 않더라도, 보살이 온통인 생각에 모두 받아들이고 또한 온통인 음성으로써 널리 해석하여 각각 마음의 즐거움을 따라서 환희함을 얻게 합니다.

乃至不可說不可說世界滿中衆生 菩薩 皆能隨其心樂 隨根
隨解 而爲說法 承佛神力 廣作佛事 普爲一切 作所依怙
佛子 此菩薩 復更精進 成就智明 假使一毛端處 有不可說
世界微塵數諸佛衆會 一一衆會 有不可說世界微塵數衆生
一一衆生 有不可說世界微塵數性欲 彼諸佛 隨其性欲 各
與法門 如一毛端處 一切法界處 悉亦如是 如是所說無量
法門 菩薩 於一念中 悉能領受 無有忘失

더 나아가서 불가설불가설 수의 세계 가운데 중생이 가득하여도, 보살이 모두 그 마음에 즐거워함을 따르고 근을 따르며 이해를 따라서 법을 설하고, 부처님의 위신력을 받아서 불사를 널리 지으니 일체가 믿고 의지할 바가 됩니다.

불자여, 이 보살이 다시 더욱 정진하여 지명(智明)을 성취하니, 설사 한 털끝만 한 곳에 불가설 수의 세계 가는 티끌 수 만큼의 모든 부처님의 대중의 모임이 있고, 낱낱 대중의 모임에 불가설 수의 세계 가는 티끌 수 만큼의 중생이 있으며, 낱낱 중생에게 불가설 수의 세계 가는 티끌 수 만큼의 성품과 욕구가 있다 할지라도, 저 모든 부처님께서 그 성품과 욕구를 따라 각각 법문을 일러 주시고 한 털끝만 한 곳에서와 같이 일체 법계에서도 다 또한 이와 같습니다.

이와 같이 설하신 바 한량없는 법문을 보살이 온통인 생각 가운데 모두 받아들여 잊지 않습니다.

佛子 菩薩 住此第九地 晝夜專勤 更無餘念 唯入佛境界
親近如來 入諸菩薩甚深解脫 常在三昧 恒見諸佛 未曾
捨離 一一劫中 見無量佛 無量百佛 無量千佛 乃至無量
百千億那由他佛 恭敬尊重 承事供養 於諸佛所 種種問難
得說法陀羅尼 所有善根 轉更明淨 譬如眞金 善巧金師 用
作寶冠 轉輪聖王 以嚴其首 四天下內一切小王 及諸臣民
諸莊嚴具 無與等者 此第九地菩薩善根 亦復如是

불자여, 보살이 제9지에 머물러서 밤낮으로 오로지 부지런히 하여 다른 생각이 없고, 오직 부처님 경계에 들어가서 여래를 친근히 하며, 모든 보살의 매우 깊은 해탈에 들어가 항상 삼매에 있으면서 모든 부처님을 늘 친견하고 잠시도 떠나지 않습니다.

낱낱의 겁 가운데 무량 부처님과 무량 백 부처님과 무량 천 부처님과 더 나아가서 무량 백천억 나유타 수의 부처님을 친견하여 공경하고 존중히 받들어 모시고 공양 올리며, 모든 부처님 처소에서 갖가지 어려운 질문을 하여 설법다라니를 얻어서 모든 선근이 점점 더 밝고 깨끗해집니다.

비유하면 진금을 공교롭게 단련하는 사람이 보배관을 만들어서 전륜성왕의 머리를 장엄하면 사천하 안의 일체 왕과 모든 신하와 백성의 모든 장엄구로는 더불어 견줄 것이 없듯이, 이 제9지 보살의 선근도 또한 다시 이와 같아서

一切聲聞辟支佛 及下地菩薩 所有善根 無能與等 佛子 譬如二千世界主大梵天王 身出光明 二千界中幽遠之處 悉能照耀 除其黑闇 此地菩薩 所有善根 亦復如是 能出光明 照衆生心 煩惱黑闇 皆令息滅 此菩薩 十波羅蜜中 力波羅蜜最勝 餘波羅蜜 非不修行 但隨力隨分 佛子 是名略說菩薩摩訶薩 第九善慧地 若廣說者 於無量劫 亦不能盡

일체 성문과 벽지불과 아래 지위 보살의 모든 선근으로
는 더불어 견줄 수가 없습니다.

불자여, 비유하면 이천 세계의 주인인 대범천왕이 몸
으로 광명을 내어 이천 세계 가운데 아득하게 먼 곳을
모두 밝게 비추어서 그 흑암을 없애듯이, 이 지위 보살
의 모든 선근도 또한 다시 이와 같아서 광명을 내어 중
생의 마음을 비추어서 번뇌의 흑암을 모두 없어지게 합
니다.

이 보살이 십바라밀 가운데 힘바라밀이 가장 뛰어나
고, 나머지 것을 닦지 않는 것은 아니지만 다만 힘을 따
르고 분을 따릅니다.

불자여, 이것을 보살마하살의 제9 선혜지를 간략히 설
한 것이라 이름하니, 만약 널리 설한다면 한량없는 겁에
도 또한 다할 수 없습니다.

佛子 菩薩摩訶薩 住此地 多作二千世界主大梵天王 善能
統理 自在饒益 能爲一切聲聞緣覺 及諸菩薩 分別演說波
羅蜜行 隨衆生心 所有問難 無能屈者 布施愛語利行同事
如是一切諸所作業 皆不離念佛 乃至不離念一切種 一切智
智 復作是念 我當於一切衆生中 爲首 爲勝 乃至爲一切智
智依止者

불자여, 보살마하살이 이 지위에 머물러 흔히 이천 세계의 주인인 대범천왕이 되어서 잘 통치하고 자재하여 넉넉히 이익 되게 하니, 일체 성문과 연각과 모든 보살을 위하여 바라밀행을 분별하고 널리 펴 설하여서 중생의 마음을 따라 모든 어려운 질문에도 굴함이 없습니다.

보시와 애어와 이행과 동사, 이와 같이 일체 모든 짓는 업은 다 부처님을 생각하는 것을 여의지 않고, 더 나아가서 일체종과 일체지의 지혜를 생각함을 여의지 않는 것입니다.

다시 이런 생각을 하기를 '내가 일체 중생 가운데 으뜸이 되고, 뛰어남이 되며, 더 나아가서 일체지의 지혜에 의지하는 이가 되리라.'라고 합니다.

此菩薩 若發勤精進 於一念頃 得百萬阿僧祇國土微塵數三
昧 乃至示現百萬阿僧祇國土微塵數菩薩 以爲眷屬 若以菩
薩殊勝願力 自在示現 過於此數 乃至百千億那由他劫 不能
數知

이 보살이 만약 부지런히 정진을 발하면 온통인 생각으로 백만 아승기 수의 국토 가는 티끌 수 만큼의 삼매를 얻고, 더 나아가서 백만 아승기 수의 국토 가는 티끌 수 만큼의 보살을 나타내 보여 권속으로 삼습니다.

만약 보살의 수승한 원력으로 자재하게 나타내 보이면, 이 수를 지나 더 나아가서 백천억 나유타 수의 겁 동안 세어도 알 수 없습니다."

爾時 金剛藏菩薩 欲重宣其義 而說頌曰

無量智力善觀察
最上微妙世難知
普入如來祕密處
利益眾生入九地

總持三昧皆自在
獲大神通入眾刹
力智無畏不共法
願力悲心入九地

이때 금강장보살이 그 뜻을 거듭 펴고자 게송으로 말하였다.

한량없는 지혜의 힘으로 잘 관찰하니
가장 높고 미묘하여 세간이 알기 어려운
여래의 비밀한 곳에 널리 들어가
중생들을 이익 되게 하는 제9지에 들어가네

다라니와 삼매에 모두 자재하고
큰 신통을 얻어 온갖 세계에 들어가며
십력과 지혜와 사무소외와 불공불법과
원력과 자비심으로 제9지에 들어가네

住於此地持法藏
了善不善及無記
有漏無漏世出世
思不思議悉善知

若法決定不決定
三乘所作悉觀察
有爲無爲行差別
如是而知入世間

若欲知諸衆生心
則能以智如實知
種種速轉壞非壞
無質無邊等衆相

이 지위에 머물러 법의 보배장을 지녀서
착하고 착하지 않음과 무기를 알고
유루와 무루와 세간과 출세간과
사의와 부사의를 다 잘 아네

결정하고 결정하지 않는 법과
삼승*의 짓는 바를 모두 관찰함과
유위와 무위의 행의 차별됨과
이와 같은 것을 알아서 세간에 들어가네

만약 모든 중생의 마음을 알고자 한다면
곧 지혜로써 여실하게 아니
갖가지로 빨리 바뀜과 무너지고 무너지지 않음과
바탕이 없음과 끝이 없음 등의 온갖 상이네

煩惱無邊恒共伴
眠起一義續諸趣
業性種種各差別
因壞果集皆能了

諸根種種下中上
先後際等無量別
解性樂欲亦復然
八萬四千靡不知

衆生惑見恒隨縛
無始稠林未除翦
與志共俱心並生
常相羈繫不斷絶

번뇌가 끝없이 항상 함께 함과
수면의 일어남이 한 뜻인 것과 계속 되는 모든 취와
업의 성품이 갖가지로 각각 차별됨과
인(因)의 무너짐과 과(果)의 모임을 모두 아네

모든 근의 갖가지 하품 중품 상품과
과거 미래 등이 한량없이 다르고
이해와 성품과 욕구도 또한 다시 그러하나
팔만사천 가지를 알지 못함이 없다네

중생은 미혹한 소견에 항상 따라 얽히고
비롯함이 없는 빽빽한 숲을 잘라 없애지 못하며
뜻과 더불어 마음이 함께 생겨서
언제나 서로 얽매여 끊지 못하네

但唯妄想非實物
不離於心無處所
禪定境排仍退轉
金剛道滅方畢竟

六趣受生各差別
業田愛潤無明覆
識爲種子名色芽
三界無始恒相續

惑業心習生諸趣
若離於此不復生
衆生悉在三聚中
或溺於見或行道

다만 망령된 생각은 실다운 물건이 아니어서
저 마음에 처소가 없어 여읠 것도 없지만
선정의 경계로 물리쳐서 이에 물러나니
금강의 도로 비로소 구경에 멸하네

육취에 수생함이 각각 차별되어
업의 밭에 애욕의 물로 적시고 무명에 덮여서
식이 종자가 되어 명색의 싹이 나니
삼계가 비롯함이 없이 항상 계속되네

미혹한 업과 마음의 습기로 모든 취에 태어나니
만약 이를 여의면 다시 태어나지 않거늘
중생이 모두 삼취 가운데 있어서
혹은 견해에 빠지기도 하고 혹은 도를 행하기도 하네

住於此地善觀察
隨其心樂及根解
悉以無礙妙辯才
如其所應差別說

處於法座如獅子
亦如牛王寶山王
又如龍王布密雲
霆甘露雨充大海

善知法性及奧義
隨順言辭能辯說
總持百萬阿僧祇
譬如大海受衆雨

이 지위에 머물러 잘 관찰하고
그 마음에 즐거워함과 근기와 이해를 따라
모두 걸림이 없는 묘한 변재로
그 응하는 바와 같이 차별하여 설하네

법좌에 앉아 있음이 사자와 같고
우왕과 보배 산왕과 같으며
용왕이 구름을 짙게 드리워
단비를 내려서 큰 바다를 채우는 것과 같네

법의 성품과 깊은 뜻을 잘 알아
말을 수순하여 능히 변재로 설하니
백만 아승기 수의 다라니를
비유하면 큰 바다가 온갖 비를 받아들이는 것과 같네

總持三昧皆淸淨
能於一念見多佛
一一佛所皆聞法
復以妙音而演暢

若欲三千大千界
教化一切諸群生
如雲廣布無不及
隨其根欲悉令喜

毛端佛衆無有數
衆生心樂亦無極
悉應其心與法門
一切法界皆如是

다라니와 삼매가 모두 청정하여
온통인 생각으로 수많은 부처님을 친견하고
한 분 한 분의 부처님 처소에서 모두 법을 들으며
다시 묘한 음성으로 널리 펴네

만약 삼천대천세계에서
일체 모든 중생을 교화하고자 한다면
마치 구름이 널리 퍼져 미치지 않는 곳이 없듯이
그 근기와 욕구을 따라 모두 기쁘게 하네

털끝의 부처님 대중은 셀 수 없고
중생의 마음에 즐거워함도 또한 끝이 없거늘
모두 그 마음에 응하여 법문을 베푸니
일체 법계에서도 다 이와 같네

菩薩勤加精進力
復獲功德轉增勝
聞持爾所諸法門
如地能持一切種

十方無量諸衆生
咸來親近會中坐
一念隨心各問難
一音普對悉充足

住於此地爲法王
隨機誨誘無厭倦
日夜見佛未曾捨
入深寂滅智解脫

보살이 부지런히 정진의 힘을 더하고
다시 공덕이 더욱더 수승함을 얻어서
저러한 모든 법문을 듣고 지니니
마치 땅이 일체 종자를 지니는 것과 같네

시방의 한량없는 모든 중생이
다 와서 친근히 하며 모임 가운데 앉아서
한결같은 생각으로 마음을 따라 각각 어려운 질문을 하더라도
온통인 음성으로 널리 대하여 모두 충족하게 하네

이 지위에 머물러 법왕이 되어
기틀을 따라 가르치고 인도함에 싫어하거나 게으르지 않고
밤낮으로 부처님을 친견함에 잠깐도 버리지 않아서
깊은 적멸의 지혜로 해탈에 들어가네

供養諸佛善益明

如王頂上妙寶冠

復使衆生煩惱滅

譬如梵王光普照

住此多作大梵王

以三乘法化衆生

所行善業普饒益

乃至當成一切智

一念所入諸三昧

阿僧祇剎微塵數

見佛說法亦復然

願力所作復過此

모든 부처님께 공양 올려 선근이 더욱 밝아짐은
마치 왕의 정수리 위의 묘한 보배관과 같고
다시 중생들로 하여금 번뇌를 멸하게 함은
비유하면 범천왕이 광명을 두루 비추는 것과 같네

이 지위에 머물러 흔히 대범천왕이 되어
삼승의 법으로써 중생들을 교화하고
행한 바의 착한 업으로 널리 넉넉히 이익 되게 하니
더 나아가서 마땅히 일체 지혜를 이루게 되네

온통인 생각으로 들어간 모든 삼매가
아승기 수의 세계 가는 티끌 수 만큼이고
부처님의 설법을 친견함도 또한 그러하나
원력으로 짓는 것은 다시 이를 지나네

此是第九善慧地
大智菩薩所行處
甚深微妙難可見
我爲佛子已宣說

이것이 제9 선혜지이니
큰 지혜의 보살이 행하는 바라
매우 깊고 미묘하여 보기 어려운 것을
내가 불자들을 위해 널리 펴 설하였네

농선 대원 선사 결문

농선 대원 선사 결문(決文)

문 : 이 선혜지의 경지를 요약해서 보여 주십시오.

답 : 이룸도 없고 버림도 없는 경지에서
중생의 근기 따라 베풀어 구제하지만
구제했다는 것이 마음에 없는 경지이니라

문 : 어찌해야 그런 경지가 되겠습니까?

답 : 정원수가 벌써 누설하고 있다.

문 : 제9지 보살이 온통인 생각으로 들어간 모든 삼매가
아승기 수의 세계 가는 티끌 수 만큼이라 했는데 어
찌해야 온통인 생각에 그런 삼매를 이루겠습니까?

답 : 들거나 이룬 것이라면 어찌 그런 삼매라 하겠는가.

문 : 그러면 어찌해야겠습니까?

답 : 어찌해야 하긴….
(주장자를 던지다)

∞ 미주

* 가라(歌羅) : 산스크리트어 kalā의 음사이다. 물체나 시간의
  아주 적은 부분을 나타내는 단위. 털을 100분의 1로 쪼갠 것
  을 말한다. 견절(堅折), 분측(分則), 계분(計分), 역승(力勝)이
  라 한역한다.
* 나면서부터 갖추어져〔俱生〕: 구생기(俱生起)의 준말이다. 바
  깥 연에 의지하지 않고 나면서부터 갖추어 있는 선천적인 번뇌
  를 말한다.
* 두 가지 행〔二行〕: 흔히 견애이행(見愛二行)을 말한다. 1) 중
  생 근성의 두 가지를 행하는 업. ① 견행(見行) - 다른 이의 가
  르침을 따르지 않고, 자기 소견대로 하려는 것. 아견(我見), 사
  견(邪見) 등을 말한다. ② 애행(愛行) - 유순하게 다른 이의
  가르치는 말에 따르는 것. 2) 유위법을 통틀어 말하는 행 중
  에서 특히 번뇌의 두 가지를 행하는 것. ① 견행 - 신견(身見)
  등의 견혹(見惑)을 통틀어 이름한 것. ② 애행 - 탐애(貪愛)와
  진에(瞋恚) 등의 의혹.
* 무기의 법〔無記法〕: 착한 법〔善法〕도, 착하지 않은 법〔不善
  法〕도 아닌 법을 말한다.
* 밀적금강(密跡金剛) : 불법을 수호하는 야차신. 일반적으로 절
  입구 문의 양편에 안치되는데, 그 중 하나가 밀적금강이다. 밀

적이라는 이름은 부처님의 삼밀(三密)을 듣고 야차와 같이 신속하여 그 자취가 은밀하다는 데에서 유래했다는 설과 부처님을 가까이하여 비밀스러운 사적을 듣고자 했다는 데에서 유래했다는 설이 있다. 밀적(密迹), 밀적역사(密迹力士), 밀적사(密迹士), 비밀주(秘密主)라고도 하며, 금강저(金剛杵)라는 무기를 가지고 있어 밀적금강(密迹金剛), 금강신(金剛神), 금강수(金剛手), 집금강(執金剛), 금강역사(金剛力士)라고도 한다.

* 법류문(法流門) : 법으로 흘러 들어가는 문. 무생(無生)이라는 고요하게 고인 물꼬를 터뜨려 무공용(無功用)의 행을 일으키면 자유롭게 부처님의 지혜라는 바다로 흘러 들어가므로 이와 같이 부른다.

* 법명(法明) : 실상의 법을 밝게 아는 것을 말한다.

* 부동지(不動地) : 보살 52계위 가운데 십지 중 제8지. 무상(無相)의 지혜가 끊임이 없어 번뇌에 흔들리지 않는 지위를 말한다. 깊이 있는 실천을 한다 하여 심행보살(深行菩薩)이라고도 하며, 각자재지(覺自在地), 결정지(決定地)라고도 한다.

* 부정(不定) : ⇒삼취를 참조.

* 사대종(四大種) : 물질계를 구성하는 4대 원소인 지(地)·수(水)·화(火)·풍(風)을 말한다. 원소들의 체(體)와 상(相)과 용

(用)이 모두 크기 때문에 물질계를 낳는 원인이 된다는 뜻으로 대종(大種)이라 한다. 사대(四大)라고도 한다.

* 사정(邪定) : ⇒삼취를 참조.

* 삼승(三乘) : 세 가지 수레. 세 가지 근기에 맞춰 설한 교법을 말한다. 삼도(三道)라고도 한다. ① 성문승(聲聞乘) - 성문을 위한 교법. 부처님께서 설하신 법문을 듣고 사제(四諦)의 깨달음을 얻는다. 소승(小乘)이라고도 한다. ② 연각승(緣覺乘) - 연각을 위한 교법. 십이연기를 관함으로 스스로 진제(眞際)의 깨달음을 얻는다. 중승(中乘), 독각승(獨覺乘), 벽지불승(辟支佛乘)이라고도 한다. ③ 보살승(菩薩乘) - 보살을 위한 교법. 위 없는 보리를 추구하고, 중생 구제의 서원을 세워 육바라밀의 교법을 수레로 삼아 깨달음을 얻는다. 대승(大乘), 불승(佛乘), 여래승(如來乘)이라고도 한다.

* 삼십삼천(三十三天) : 도리천(忉利天)의 원형. 욕계육천의 두 번째 세계로 수미산의 정상에 있으면서 제석천을 중심으로 사방에 각각 8천이 있어 모두 33천이 된다. 도리는 33을 뜻하는 산스크리트어의 간략한 음역이다.

* 삼취(三聚) : 중생, 법, 모든 존재 등을 특정 관점에서 세 가지로 묶은 것. 흔히 중생을 불도 성취능력 혹은 방법의 차이에 의

해 세 부류로 묶은 것을 말한다. 삼정취(三定聚)라고도 한다.
① 정정(正定) - 수도에 정진하여 반드시 향상하여 성불할 것
으로 결정된 중생. 정정취(正定聚)라고도 한다. ② 사정(邪定)
- 불법을 비방하고 수도에 뜻이 없어 성불할 수 없어서 더욱 타
락해가는 중생. 사정취(邪定聚)라고도 한다. ③ 부정(不定) -
향상과 타락 중 정한 바가 없어 연이 있으면 성불할 수 있고,
연이 없으면 악도에 떨어질 수 있는 중생. 정정취와 사정취 이
외의 모든 중생을 말한다. 부정취(不定聚)라고도 한다.

* 선혜지(善慧地) : 보살 52계위 가운데 십지 중 제9지. 걸림 없
  는 지혜인 사무애지(四無碍智)와 중생을 위하는 이타행(利他
  行)을 갖추는 보살의 지위를 말한다. 선근지(善根地), 선재의지
  (善哉意地)라고도 한다.

* 수면(隨眠) : 번뇌의 다른 이름. 중생을 따라다니며 속박함을
  빗대어 수(隨)라 하고, 혼미하고 어리석은 상태에 빠뜨림을 잠
  자는 상태에 빗대어 면(眠)이라 한다.

* 수면의 일어남이 한 뜻인〔眠起一義〕: 번뇌의 잠재력인 수면과
  번뇌가 현행하여 일어나는 것은 서로 분리되지 않고 의존하는
  것이라는 뜻.

* 아가니타천(阿迦膩吒天) : 색계 18천 중 가장 위에 있는 색구

경천을 말한다.

* 아승기(阿僧祇) : 무한히 긴 시간 또는 무량의 큰 수. 천인 중에 수를 가장 잘 헤아리는 사람도 알 수 없는 것을 1 아승기라 한다. 124대수 중 제 105위에 해당한다. 아승지라 발음하기도 한다. 아승기야(阿僧祇耶), 아승기야(阿僧企耶), 무수(無數), 무앙수(無央數), 승기(僧祇) 라고도 한다.

* 오역(五逆) : 부처님의 가르침에 대한 다섯 가지 극악한 죄. 오역죄(五逆罪)·오무간업(五無間業)이라고도 한다. 1) 소승의 오역 ① 모친을 살해하는 것. ② 부친을 살해하는 것. ③ 아라한을 살해하는 것. ④ 악심을 품고 부처님의 신체에 피를 내는 것. ⑤ 승가의 화합을 파괴하여 분열시키는 것. 2) 대승의 오역 ① 탑과 사찰을 파괴하고 경전과 불상을 불사르며 삼보의 재물을 훔치는 것, 또는 남에게 이러한 일을 하게 하여 마음속으로 기뻐하는 것. ② 삼승법(三乘法)을 비방하고 천하게 여기는 것. ③ 출가자의 수행을 방해하거나 비방하는 것. ④ 소승의 오역 중 어느 하나라도 범하는 것. ⑤ 인과를 믿지 않고 불선업(不善業)을 짓거나 남에게 짓게 하는 것.

* 우파니사타(優波尼沙陀) : 산스크리트어 upaniṣadam의 음사이다. 지극히 적은 수량의 이름. 한역으로 인(因), 극소(極少),

미세(微細), 근소(近少)라고도 한다.

* 정정(正定) : ⇒삼취를 참조.

* 중승(中乘) : ⇒삼승을 참조.

* 지명(智明) : 육신통 중 삼명(三明)의 하나인 숙주수념지작증명(宿住隨念智作證明)의 준말. 나와 모든 중생의 과거세의 일을 아는 지혜를 말한다. 숙주지증명(宿住智證明), 숙명지증명(宿命智證明), 숙명지명(宿命智明), 숙명지통(宿命智通), 숙명통(宿命通), 숙명력(宿命力), 숙명명(宿命明), 숙명지(宿命智)라고도 한다.

* 착하고 착하지 않음〔善不善〕 : 이법(二法) 중 하나인 선법(善法)과 불선법(不善法)을 말한다. 그 상이 분명하기 때문에 받게 될 과보를 식별할 수 있으므로 유기법(有記法)이라고 한다. 무기법과 함께 삼법(三法)으로 분류되기도 한다.

* 팔사(八邪) : 여덟 가지 그릇됨. 팔정도(八正道)에 반대되는 것을 말한다. ① 사견(邪見) - 삿된 견해. ② 사지(邪志) 혹은 사사유(邪思惟) - 삿된 사유. ③ 사어(邪語) - 삿된 말. ④ 사업(邪業) - 삿된 업. ⑤ 사명(邪命) - 삿된 생활. ⑥ 사방편(邪方便) 혹은 사정진(邪正進) - 삿된 방편. ⑦ 사념(邪念) - 삿된 생각. ⑧ 사정(邪定) - 삿된 선정.

* 형상있는 행[相行] : 상을 짓는 작용. 외부의 대상경계에 대해 분별상을 짓는 작용을 말한다.
* 흑흑(黑黑) : 선악에 따라 나눈 네 가지의 업 중 흑흑업(黑黑業)을 말하며, 욕계(欲界)의 악업은 그 원인과 과보가 좋지 않음을 거듭하기 때문에 흑흑이라 한다.

불조정맥

불조정맥(佛祖正脈)

🪷 인 도

교조 석가모니불 (教祖 釋迦牟尼佛)

1 조 마하가섭 (摩訶迦葉)

2 조 아난다 (阿難陀)

3 조 상나화수 (商那和脩)

4 조 우바국다 (優波鞠多)

5 조 제다가 (堤多迦)

6 조 미차가 (彌遮迦)

7 조 바수밀 (婆須密)

8 조 불타난제 (佛陀難堤)

9 조 복타밀다 (伏馱密多)

10조 파율습박(협) (波栗濕縛, 脇)

11조 부나야사 (富那夜奢)

12조 아나보리(마명) (阿那菩提, 馬鳴)

13조 가비마라 (迦毗摩羅)

14조 나가르주나(용수) (那閼羅樹那, 龍樹)

15조 가나제바 (迦那堤波)

16조 라후라타 (羅睺羅陀)

17조 승가난제 (僧伽難提)

18조 가야사다 (迦耶舍多)

19조 구마라다 (鳩摩羅多)

20조 사야다 (闍夜多)

21조 바수반두 (婆修盤頭)

22조 마노라 (摩拏羅)

23조 학륵나 (鶴勒那)

24조 사자보리 (師子菩堤)

25조 바사사다 (婆舍斯多)

26조 불여밀다 (不如密多)

27조 반야다라 (般若多羅)

28조 보리달마 (菩堤達磨)

🪷 중 국

29조 신광 혜가 (2 조 神光 慧可)

30조 감지 승찬 (3 조 鑑智 僧璨)

31조 대의 도신 (4 조 大醫 道信)

32조 대만 홍인 (5조 大滿 弘忍)

33조 대감 혜능 (6조 大鑑 慧能)

34조 남악 회양 (7조 南嶽 懷讓)

35조 마조 도일 (8조 馬祖 道一)

36조 백장 회해 (9조 百丈 懷海)

37조 황벽 희운 (10조 黃檗 希雲)

38조 임제 의현 (11조 臨濟 義玄)

39조 흥화 존장 (12조 興化 存奬)

40조 남원 혜옹 (13조 南院 慧顒)

41조 풍혈 연소 (14조 風穴 延沼)

42조 수산 성념 (15조 首山 省念)

43조 분양 선소 (16조 汾陽 善昭)

44조 자명 초원 (17조 慈明 楚圓)

45조 양기 방회 (18조 楊岐 方會)

46조 백운 수단 (19조 白雲 守端)

47조 오조 법연 (20조 五祖 法演)

48조 원오 극근 (21조 圓悟 克勤)

49조 호구 소륭 (22조 虎丘 紹隆)

50조 응암 담화 (23조 應庵 曇華)

51조 밀암 함걸 (24조 密庵 咸傑)

52조 파암 조선 (25조 破庵 祖先)

53조 무준 사범 (26조 無準 師範)

54조 설암 혜랑 (27조 雪岩 慧郎)

55조 급암 종신 (28조 及庵 宗信)

56조 석옥 청공 (29조 石屋 淸珙)

❀ 한 국

57조 태고 보우 (1 조 太古 普愚)

58조 환암 혼수 (2 조 幻庵 混脩)

59조 구곡 각운 (3 조 龜谷 覺雲)

60조 벽계 정심 (4 조 碧溪 淨心)

61조 벽송 지엄 (5 조 碧松 智儼)

62조 부용 영관 (6 조 芙蓉 靈觀)

63조 청허 휴정 (7 조 淸虛 休靜)

64조 편양 언기 (8 조 鞭羊 彦機)

65조 풍담 의심 (9 조 楓潭 義諶)

66조 월담 설제 (10조 月潭 雪霽)

67조 환성 지안 (11조 喚醒 志安)

68조 호암 체정 (12조 虎巖 體淨)

69조 청봉 거안 (13조 靑峰 巨岸)

70조 율봉 청고 (14조 栗峰 靑杲)

71조 금허 법첨 (15조 錦虛 法沾)

72조 용암 혜언 (16조 龍巖 慧言)

73조 영월 봉율 (17조 詠月 奉律)

74조 만화 보선 (18조 萬化 普善)

75조 경허 성우 (19조 鏡虛 惺牛)

76조 만공 월면 (20조 滿空 月面)

77조 전강 영신 (21조 田岡 永信)

78대 농선 대원 (22대 弄禪 大圓)

농선 대원 선사님
인가 내력

농선 대원 선사님 인가 내력

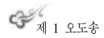
제 1 오도송

이 몸을 끄는 놈 이 무슨 물건인가?
골똘히 생각한 지 서너 해 되던 때에
쉬이하고 불어온 솔바람 한 소리에
홀연히 대장부의 큰 일을 마치었네

무엇이 하늘이고 무엇이 땅이런가
이 몸이 청정하여 이러-히 가없어라
안팎 중간 없는 데서 이러-히 응하니
취하고 버림이란 애당초 없다네

하루 온종일 시간이 다하도록
헤아리고 분별한 그 모든 생각들이

옛 부처 나기 전의 오묘한 소식임을
듣고서 의심 않고 믿을 이 누구인가!

此身運轉是何物
疑端汨沒三夏來
松頭吹風其一聲
忽然大事一時了

何謂青天何謂地
當體淸淨無邊外
無內外中應如是
小分取捨全然無

一日於十有二時
悉皆思量之分別
古佛未生前消息
聞者卽信不疑誰

　농선 대원 선사님의 스승이신 불조정맥 제77조 조계종(曹溪宗) 전
강(田岡) 대선사님께서 1962년 대구 동화사의 조실로 계실 당시 농
선 대원 선사님께서도 동화사에 함께 머무르고 계셨다.
　하루는, 전강 대선사님께서 대원 선사님의 3연으로 되어 있는 제
1오도송을 들어 깨달은 바는 분명하나 대개 오도송은 짧게 짓는다

고 말씀하셨다. 이에 대원 선사님께서는 제1오도송을 읊은 뒤, 도
솔암을 떠나 김제들을 지나다가 석양의 해와 달을 보고 문득 읊었
던 제2오도송을 일러드렸다.

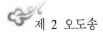 제 2 오도송

해는 서산 달은 동산 덩실하게 얹혀 있고
김제의 평야에는 가을빛이 가득하네
대천이란 이름자도 서지를 못하는데
석양의 마을길엔 사람들 오고 가네

日月兩嶺載同模
金提平野滿秋色
不立大千之名字
夕陽道路人去來

제2오도송을 들으신 전강 대선사님께서는 이에 그치지 않고 그와
같은 경지를 담은 게송을 이 자리에서 즉시 한 수 지어볼 수 있겠
냐고 하셨다. 대원 선사님께서는 곧바로 다음과 같이 읊으셨다.

바위 위에는 솔바람이 있고

산 아래에는 황조가 날도다
대천도 흔적조차 없는데
달밤에 원숭이가 어지러이 우는구나

岩上在松風
山下飛黃鳥
大千無痕迹
月夜亂猿啼

전강 대선사님께서는 위 송의 앞의 두 구를 들으실 때만 해도 지
그시 눈을 감고 계시다가 뒤의 두 구를 마저 채우자 문득 눈을 뜨
고 기뻐하는 빛이 역력하셨다.

그러나 전강 대선사님께서는 여기에서도 그치지 않고 다시 한 번
물으셨다.

"대중들이 자네를 산으로 불러내고 그중에 법성(향곡 스님 법제자
인 진제 스님. 동화사 선방에 있을 당시에 '법성'이라 불렸고, 나중에 '법
원'으로 개명하였다.)이 달마불식(達磨不識) 도리를 일러보라 했을 때
'드러났다'라고 답했다는데, 만약에 자네가 당시의 양무제였다면
'모르오'라고 이르고 있는 달마 대사에게 어떻게 했겠는가?"

대원 선사님께서 답하셨다.

"제가 양무제였다면 '성인이라 함도 서지 못하나 이러-히 짐의
덕화와 함께 어우러짐이 더욱 좋지 않겠습니까?' 하며 달마 대사의

손을 잡아 일으켰을 것입니다."

전강 대선사님께서 탄복하며 말씀하셨다.

"어느새 그 경지에 이르렀는가?"

"이르렀다곤들 어찌 하며, 갖추었다곤들 어찌 하며, 본래라곤들 어찌 하리까? 오직 이러-할 뿐인데 말입니다."

대원 선사님께서 연이어 말씀하시자 전강 대선사님께서 이에 환희하시니 두 분이 어우러진 자리가 백아가 종자기를 만난 듯, 고수 명창 어울리듯 화기애애하셨다.

달마불식 공안에 대한 위의 문답은 내력이 있는 것이다. 전강 대선사님께서 대원 선사님을 부르기 며칠 전에, 저녁 입선 시간 중에 노장님 몇 분만이 자리에 앉아있을 뿐 자리가 텅텅 비어 있었다고 한다.

대원 선사님께서 이상히 여기고 있던 중, 밖에서 한 젊은 수좌가 대원 선사님을 불렀다. 그 수좌의 말이 스님들이 모두 윗산에 모여 기다리고 있으니 가자고 하기에 무슨 일인가 하고 따라가셨다.

그러자 그 자리에 있던 법성 스님이 보자마자 달마불식 법문을 들고 이르라고 하기에 지체없이 답하셨다.

"드러났다."

곁에 계시던 송암 스님께서 또 안수정등 법문을 들고 물으셨다.

"여기서 어떻게 살아나겠소?"

대뜸 큰소리로 이르셨다.

"안·수·정·등."

이에 좌우에 모인 스님들이 함구무언(緘口無言)인지라 대원 선사님께서는 먼저 그 자리를 떠나 내려와 버리셨다.

그 다음날 입승인 명허 스님께서 아침 공양이 끝난 자리에서 지난 밤 입선시간 중에 무단으로 자리를 비운 까닭을 묻는 대중 공사를 붙여 산 중에서 있었던 일들이 낱낱이 드러나고 말았다. 그리하여 입선시간 중에 자리를 비운 스님들은 가사 장삼을 수하고 조실인 전강 대선사님께 참회의 절을 했던 일이 있었다.

전강 대선사님께서는 이때에 대원 선사님께서 달마불식 도리에 대해 일렀던 경지를 점검하셨던 것이다.

이런 철저한 검증의 자리가 있었던 다음 날, 전강 대선사님께서 부르시기에 대원 선사님께서 가보니 주지인 월산(月山) 스님께서 모든 것이 약조된 데에서 입회해 계셨으며 전강 대선사님께서는 곧바로 다음과 같이 전법게(傳法偈)를 전해주셨다.

 전 법 게

부처와 조사도 일찍이 전한 것이 아니거늘
나 또한 어찌 받았다 하며 준다 할 것인가
이 법이 2천년대에 이르러서
널리 천하 사람을 제도하리라

佛祖未曾傳
我亦何受授
此法二千年
廣度天下人

　덧붙여 이 일은 월산 스님이 증인이며 2000년까지 세 사람 모두 절대 다른 사람이 알게 하거나 눈에 띄게 하지 않아야 한다고 당부하셨다.

　만약 그러지 않을 시에는 대원 선사님께서 법을 펴 나가는데 장애가 있을 것이라고 예언하셨다. 또한 각별히 신변을 조심하라 하시고 월산 스님에게 명령해 대원 선사님을 동화사의 포교당인 보현사에 내려가 교화에 힘쓰게 하셨다.

　대원 선사님께서 보현사로 떠나는 날, 전강 대선사님께서는 미리 적어두셨던 부송(付頌)을 주셨으니 다음과 같다.

 부 송

　어상을 내리지 않고 이러-히 대한다 함이여
　뒷날 돌아이가 구멍 없는 피리를 불리니
　이로부터 불법이 천하에 가득하리라

不下御床對如是
後日石兒吹無孔
自此佛法滿天下

　위의 송의 '어상을 내리지 않고 이러-히 대한다 함이여'라는 첫째
줄 역시 내력이 있는 구절이다.
　전에 대원 선사님께서 전강 대선사님을 군산 은적사에서 모시고
계실 당시 마당에서 홀연히 마주쳤을 때 다음과 같은 문답이 있었
다.
　전강 대선사님께서 물으셨다.
　"공적(空寂)의 영지(靈知)를 이르게."
　대원 선사님께서 대답하셨다.
　"이러-히 스님과 대담(對談)합니다."
　"영지의 공적을 이르게."
　"스님과의 대담에 이러-합니다."
　"어떤 것이 이러-히 대담하는 경지인가?"
　"명왕(明王)은 어상(御床)을 내리지 않고 천하 일에 밝습니다."
　위와 같은 문답 중에 대원 선사님께서 답하신 경지를 부송의 첫
째 줄에 담으신 것이다.

　전강 대선사님께서 대원 선사님을 인가(印可)하신 과정을 볼 때
한 번, 두 번, 세 번을 확인하여 철저히 점검하신 명안종사의 안목

에 탄복하지 않을 수 없으며 이에 끝까지 1초의 머뭇거림도 없이 명철하셨던 대원 선사님께 찬탄하지 않을 수 없다.

그리하여 법열로 어우러진 두 분의 자리가 재현된 듯 함께 환희 용약하지 않을 수 없다.

이제 전강 대선사님과 약속한 2천년대를 맞이하였으므로 여기에 전법게를 밝힌다.

이로써 경허, 만공, 전강 대선사님으로 내려온 근대 대선지식의 정법의 횃불이 이 시대에 이어져 전강 대선사님의 예언대로 불법이 천하에 가득할 것이다.

21세기에
인류가 해야 할 일

21세기에 인류가 해야 할 일

　이 사람은 1962년 26세 때부터 21세기에 인류에게 닥칠 공해문제, 에너지문제를 예견하고 대체에너지(무한원동기, 태양력, 파력, 풍력 등) 개발과 '울 안의 농법'을 연구하고 그 필요성을 많은 이들에게 이야기해 왔습니다.

　당시에는 너무 시대를 앞서가는 이야기여서인지 일반인들이 수용하지 못하고 오히려 불신의 눈으로 바라보며 이 사람의 법마저 의심하였습니다. 하지만 현대에 있어서는 이것이 인류가 해결해야 할 가장 절박한 사안이 되어 있습니다.

　'사막화방지 국제연대'를 설립한 것도 현재 인류가 해결해야 할 가장 절박한 지구환경문제를 이슈화시키고 그 해결책을 제시하여 재앙에 직면한 지구촌을 살리기 위해서입니다.

　'사막화방지 국제연대'에서 추진하고 있는 사막화 방지, 지구 초원화, 대체에너지 개발은 온 인류가 발 벗고 나서서 해야 할 일입니다.

첫째 사막화 방지에 있어서 기존에 해왔던 '나무심기 사업'은 천문학적인 예산과 많은 인력을 동원하고도 극도로 황폐한 사막화된 환경을 되살리는 데 실패하였습니다.

그래서 이 사람은 사막화 방지에 있어서는 '사막 해수로 사업'을 새로운 방안으로 제시하였습니다.

사막 해수로 사업은 사막화된 지역에 수도관을 매설하여 바닷물을 끌어들여서 염분에 강한 식물을 중심으로 자연생태계를 복원하는 사업입니다.

이것은 나무심기 사업으로 심은 나무들이 절대적으로 물이 부족하여 생존할 수 없었던 문제를 해결할 수 있는, 현재로서는 유일한 해결책입니다.

그러나 '사막화방지 국제연대'의 목적은 사막이 확장되는 것을 방지하자는 것이지 사막 전체를 완전히 없애자는 것은 아닙니다. 인체에서 심장이 모든 피를 전신의 구석구석까지 골고루 보내어 살아서 활동하게 하듯이 사막은 오히려 지구의 심장 역할을 하는 중요한 곳이기 때문입니다.

그래서 21세기에 있어서는 다만 사막의 확장을 방지할 뿐 아니라 사막을 어떻게 운용하느냐를 연구해야 합니다.

사막에 바둑판처럼 사방이 막힌 플룸관 수로를 설치하여 동, 서, 남, 북 어느 방향의 수로를 얼마만큼 채우느냐 비우느냐에 따라, 사막으로부터 사방 어느 방향으로든 거리까지 조절하여, 원하는 지역에 비를 내리게 하고 그치게 할 수 있습니다. 철저히 과학적인

데이터에 의해 이렇게 사막을 운용함으로써 21세기의 지구를 풍요
로운 낙원시대로 만들어가야 합니다.

둘째로 지구를 초원화할 수 있는 방안으로서 3년간의 실험을 통
해, 광활한 황무지 지역을 큰 비용을 들이거나 많은 인력을 동원하
지 않고도 짧은 시간 내에 초지로 바꿀 수 있는 식물을 찾아냈습
니다.

그것은 바로 '돌나물'입니다. 돌나물은 따로 종자를 심을 필요가
없이 헬리콥터나 비행기로 살포해도 생존, 번식할 수 있으며, 추위
와 더위, 황폐한 땅에서도 살아남을 수 있는 생명력과 번식력이 강
한 식물입니다.

지구환경을 되살리는 초지조성 사업에 있어서 이것이 큰 도움이
되리라 생각합니다.

셋째의 대체에너지 개발에 있어서는 태양력, 파력, 풍력 등 1962
년도부터 이 사람이 연구하고 얘기해왔던 방법들이 이미 많이 개
발되어 실용화한 단계에 있습니다.

이 세 가지 일은 한 개인이나 한 국가가 할 수 있는 일이 아닙니
다. 모든 국가가 앞장서서 전 세계적인 사업으로 이루어져야 합니
다. 모든 국가가 함께 한 기금조성이 이루어져야 하고 기금조성에
참여한 국가는 이 시스템에 의한 전면적인 혜택을 입을 수 있도록
해야 합니다.

인류 모두가 지혜를 모아 이 일에 전력을 다한다면 인류는 유사
이래 가장 좋은 시절을 맞이하게 될 것이며, 만약 이 일을 남의 일

인 양 외면한다면 극한의 재앙을 면할 수 없을 것입니다.

이 사람이 오래 전부터 얘기해왔던 '울 안의 농법'은 이미 미국 라스베이거스(Las Vegas)에서 30층짜리 '고층 빌딩 농장'으로 구현되었습니다. 그렇게 크게도 운영될 수 있지만 각자 자신의 집에서 이루어지는 '울 안의 농법'도 필요합니다.

21세기에 있어서 또 하나 인류가 만일의 사태를 대비해서 연구, 추진해야 될 일이 있다면 바닷속에서의 수중생활, 수중경작입니다.

지구가 심하게 온난화될 경우, 공기가 너무 많이 오염될 경우, 바닷물이 높아져 살 땅이 좁아질 경우 등에 대비할 때, 인류는 우주에서의 삶보다는 바닷속에서의 삶을 준비해야 합니다. 왜냐하면 그것이 훨씬 수월하고 비용도 절감할 수 있기 때문입니다.

이렇게 깨달은 이는 이변적으로는 깨달음을 얻게 하여 영생불멸의 삶을 영위할 수 있도록 만인을 이끌어야 하며 사변적으로는 일반인이 예측할 수 없는 백 년, 천 년 앞을 내다보아 이를 미리 앞서 대비하도록 만인의 삶을 이끌어줘야 한다고 생각합니다.

불법의 뜻은 다만 진리 전수에만 있는 것이 아니니, 만인이 서로 함께 영원한 극락을 누릴 때까지 물심양면으로, 이사일여로 베풀어 교화해야 하기 때문입니다.

가슴으로 부르는
불심의 노래

여기에 실린 것들은 모두 농선 대원 선사님
께서 직접 작사하신 곡들이다.

　수행의 길로 들어서게끔 신심, 발심을 북돋
아주는 곡으로부터 수행의 길로 접어든 이의
구도의 몸부림이 담겨있는 곡, 대승의 원력을
발해서 교화하는 보살의 자비심과 함께 낙원
세계를 누리는 풍류를 그려놓은 곡까지 가사
한마디, 한마디가 생생하여 그 뜻이 뼛속 깊이
새겨지고 그 멋에 흠뻑 취하게 된다.

　농선 대원 선사님께서는 거칠고 말초적인
요즘의 노래를 듣고 이러한 정서를 순화시키
고자, 또한 수행의 마음을 진작시키고자 하는
뜻에서 이 곡들을 작사하셨다.

🪷 가슴으로 부르는 불심의 노래 – 가사 목록

🌸 님은 아시리

1 부

1. 사계절의 풍광인들 위로되겠니
서사시의 음률인들 쉬어지겠니
뜻과 같이 되지 않아 기도에 젖은
이 마음 님은 아시리
한 세상 열정 쏟아 닦는 수행길
불보살님 출현하서 베푼 자비에
모든 망상 모든 번뇌 없었으면 좋으련만
마음대로 안 되는 게 수행이더라, 수행이더라

2. 사계절의 풍광인들 위로되겠니
서사시의 음률인들 쉬어지겠니
뜻과 같이 되지 않아 기도에 젖은
이 마음 님은 아시리
청춘의 모든 욕망 사뤄버리고
회광반조 촌각 아낀 열정 쏟아서
이룬 선정 그 효력이 있었으면 좋으련만
마음대로 안 되는 게 보림이더라, 보림이더라

3. 사계절의 풍광인들 위로되겠니
서사시의 음률인들 쉬어지겠니
뜻과 같이 되지 않아 기도에 젖은
이 마음 님은 아시리
억겁의 모든 습성 꺾어보려고
갖은 노력 갖은 인내 온통 쏟아서
세월 잊은 보림 성취 있었으면 좋으련만
마음대로 안 되는 게 성불이더라, 성불이더라

2 부

1. 사계절의 풍광인들 비유되겠니
가릉빈가 음률인들 비교되겠니
뜻과 같이 자유자재 베풀어놓고
한없이 즐기시련만
그러한 대자유의 삶을 접고서
중생들을 구제하려 삼도에 출현
갖은 역경 어려움을 감내하는 자비로써
깨워주는 그 진리에 눈을 뜨거라, 눈을 뜨거라

2. 사계절의 풍광인들 비유되겠니
가릉빈가 음률인들 비교되겠니
뜻과 같이 자유자재 베풀어놓고
한없이 즐기시련만
억겁을 다하여도 끝이 없을 걸
알면서도 해내겠다 나선 님의 길
가시밭길 험난해도 일관하신 그 자비에
구류중생 깨달아서 정토 이루리, 정토 이루리

3. 사계절의 풍광인들 비유되겠니
가릉빈가 음률인들 비교되겠니
뜻과 같이 자유자재 베풀어놓고
한없이 즐기시련만
낙원의 모든 즐김 떨쳐버리고
삼악도를 낙원으로 이뤄놓겠다
촌각 아낀 그 열정에 모두 모두 감화되어
이 땅 위에 님의 소원 이뤄지리라, 이뤄지리라

불보살의 마음

1. 자비, 그 자비는 눈물이었네
불나방이 불을 쫓듯 가는 이
그래도 못 잊어서 버리지 못해
저리는 저리는 가슴, 그 가슴 안고서
눈물, 피눈물로 저리 부르네

2. 자비, 그 자비는 눈물이었네
제 살 길을 저버리는 이들을
그래도 못 잊어서 버리지 못해
저리는 저리는 가슴, 그 가슴 안고서
눈물, 피눈물로 저리 부르네

나의 노래

1. 노세 노세 봄놀이하세
대천세계 이 봄 경치
한산 습득 친구삼아
호연지기 즐겨볼까
얼씨구나 절씨구
아니나 즐기고 무엇하리

2. 노세 노세 봄놀이하세
걸음 쫓아 이른 곳곳
문수보현 벗을 삼아
화엄광장 춤춰볼까
얼씨구나 절씨구
아니나 즐기고 무엇하리

잘 사는 게 불법일세

1. 잘 사는 게 불법일세
우리 모두 관음보살 지장보살 생활 속에
모시면서
마음 비운 나날들로 바른 삶을 하노라면
불보살님 가피 속에 뜻 이뤄서 꽃을 피운
그런 날이 있을 걸세

2. 잘 사는 게 불법일세
우리 모두 관음보살 지장보살 생활 속에
모시면서
마음 비워 살아가며 시시때때 잊지 않고
참나 찾아 참구하는 그 정성도 함께하면
좋은 소식 있을 걸세

3. 잘 사는 게 불법일세
우리 모두 관음보살 지장보살 생활 속에
모시면서
틈틈으로 회광반조 사색으로 참나 깨쳐
화장세계 장엄하고 얼쉬얼쉬 어울리며
영원토록 웃고 사세

선 승

토함산 소나무 위에 달빛도 조는데
단잠을 잊은 채 장승처럼 앉아있는
깊은 밤 선승의 그윽한 눈빛
고요마저 서지 못한 선정이라
대천도 흔적 없고 허공계도 머물 수 없는
수정 같은 광명이여, 화엄의 세계로세

 우리 모두

우리 모두 만난 인생 즐겁게 살자
부딪치는 세상만사 웃으며 하자
인연으로 어우러진 세상사이니
풀어가는 삶이어야 하지 않겠니

몸종 노릇 하는 사이 맘 챙겨 살자
맑고 맑은 가을 허공 그렇게 비워
명상으로 정신세계 사무쳐보자
언젠가는 깨쳐 웃는 그날이 오리

한산 습득 껄껄 웃는 그러한 웃음
웃어가며 모든 일을 대하는 날로
활짝 펼쳐 어우러진 그러한 삶을
우리 모두 발원하며 즐겁게 살자

 마음이 나로세

본래 마음이 나이건만
몸이 내가 된 삶이 되어
갖은 고통이 따랐다네

맘이 내가 된 삶으로서
갖은 고통이 없는 삶을
우리 누리고 살아보세

이리 쉽고도 쉬운 일을
어찌 등 돌린 삶으로서
고통 속에서 헤매는고

마음 수행을 모두 하여
나고 죽음이 없음으로
태평 세월을 누려보세

 거룩한 만남

불법을 만난 건 행운 중 행운이고 내 생의 정점일세
거룩한 이 법을 만나는 사람이면 서로가 권하고 권을 하여
함께 하는 일상의 수행이 되어서 다 같이 누리는 낙원 이뤄
고통과 생사는 오간 데 없고 웃음과 평온만 넘치고 넘쳐
길이길이 끝이 없는 복락 누리세

여래의 큰 은혜 순간인들 잊으랴 수행해 크게 깨쳐
구제를 다함만 큰 은혜 갚음이니 노력과 실천 다해
우리 모두 씩씩한 낙원의 역군이 되어 봉화적인 이생의 삶
으로써
최선을 다하여 부끄럼 없는 대장부로, 은혜 갚는 장부로
길이길이 끝이 없는 복락 누리세

 사람다운 삶

1. 사람이 사람다운 사람이 되려면
명상으로 비우고 비워서
고요의 극치에 이르러
자신을 발견한 슬기로써
마음을 다스리는 연마 후에
그 능력으로 모두가 살아가야
평화로운 세상이 활짝 열려
모두 함께 누릴 걸세

2. 서로가 다툼 없이 서로를 아껴서
마음으로 베풀고 베푸는
사회로 이루어 간다면
낙원이 멀리만 있는 것이 아니라
살고 있는 이대로가 낙원이란 걸
모두가 실감하는
우리들의 세상이 활짝 열려
모두 함께 누릴 걸세

 즐거운 마음

1. 우리 모두 선택받은 제자 되어
즐거운 맘 하나 되어 축하합니다
그 무엇을 이룬들 이리 좋으며
황금보석 선물인들 이만하리까
부처님의 가르침만 따르오리다
실천하리라 실천하리라

2. 부처님의 뒤 이을 걸 맹세하며
다짐으로 즐기는 맘 가득합니다
당당하게 행보하는 구세의 역군
혼신 다해 낙원 이룬 이 세계에서
함께 사는 즐거움을 생각하며
노래합니다 노래합니다

 사는 목적

우리 모두 행복을 찾아 영원을 찾아
내면 향해 비춰보는 명상으로
앉으나 서나 일을 하나 최선을 다하세
하루의 해가 서산을 붉게 물들이고
합장 기도하여 또 다짐과 맹서의 말
뜻 이루어 이 세상의 빛이 돼서
구류를 생사 고해에서 구제하는 사람으로
영원히 영원히 살 것입니다

 바른 삶 1

우리 삶을 두고서 허무하다 누가 말했나
본래 마음이 나 아닌가
그 마음 나를 삼아 살면 되지
지금도 늦지 않네 우리 모두
오늘부터 모두들 마음으로 나를 삼아
길이길이 웃고들 사세

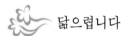 바른 삶 2

1. 어디어디 어디라 해도
마음 찾아 바로만 살면
그곳 바로 극락이라네
세상분들 귀담아듣고
사람 몸을 가졌을 때에
모든 고비 극복해내서
참선으로 참나를 깨쳐
걸림 없는 해탈의 세상
누려보세 누려들 보세

2. 어두운 곳 태양이 뜨듯
중생계에 불타 출현해
바른 삶으로 인도하셔
복된 날을 기약케 하니
아니아니 좋고 좋은가
이 몸 주인 통쾌히 깨쳐
억겁 업을 말끔히 씻고
걸림 없는 해탈의 세상
누려보세 누려들 보세

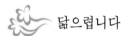 닮으렵니다

관세음보살 관세음보살
지극한 마음으로 닮으려고
오늘도 노력하며 주어진 일을 하면
하루가 훌쩍 가는 줄도 모른다오
관세음 관세음보살
님께서 베푸는 그 넓은 사랑을
이 맘 속에 기르고 길러서
실천하는 그런 장부 되어서
큰 은혜 갚을 겁니다

수행과 깨침

1. 그릴 수도 없는 마음, 만질 수도 없는 마음
찾으려는 수행이라 모든 것을 다 버리고
모든 생각 비우기를 몇천 번이었던가
머리 터져 피 흘려도 멈출 수가 없는 공부
이 공부가 아니던가

2. 놓지 못해 우두커니 장승처럼 뭐꼬 하고 앉았는데
앞뒤 없어 몸마저도 공해버린 여기에서 이러-한 채
시간 간 줄 모른 채로 눈을 감고 얼마간을 지나던 중
한 때 홀연 큰 웃음에 화장계일세

걱정 말라

1. 걱정 말라 걱정을 말라 불보살님 말씀대로만 행한다면
안 풀리는 일 없다 하지 않았던가
육근으로 보시를 하며 웃고 살자 웃고들 살자
백년 미만 우리네 인생, 세상 만사 마음먹기 달렸다고
일러주시지 않았던가 걱정을 말라

2. 이리 봐도 저리를 봐도 모두모두 내 살림일세
간섭할 수 없는 내 살림 아니아니 그러한가
이리 펼치고 저리 펼쳐 육문으로 지은 복덕
베푸는 맛이 아니 좋은가 우리 사는 지구인 별 함께 가꿔
낙원으로 만들어서 살아들 보세

정한 일일세

우리네 삶이란 것
풀끝 이슬 아니던가
서로서로 위로하고 아끼면서
우리 모두 착한 삶이
이어져 가노라면
언젠가는 행복한
그날이 우리에게
찾아오는 것 정한 일일세
찾아오는 것 정한 일일세

여기가 낙원

참나 찾아 영원을 향해
한눈 안 팔고 노력하고
가정 위해 사회를 위해
뛰고 뛰고 혼신을 다한
나의 노력 결실이 되어
일상에서 누리는 나날
선 자리가 낙원이 되니
초목들도 어깨 춤추고
산새들도 축하를 하네

 따르렵니다

1. 우리 모두 합장 공경 하옵니다
크고 작은 근심 걱정 씻어주려
우릴 찾아 오셨으니 감사합니다 고맙습니다

2. 우리 모두 손에 손을 맞잡고서
즐거웁게 노래하고 춤을 추며
우리에게 오신 님을 경하합니다 축하합니다

3. 우리들의 깊은 잠을 깨워주셔
영생불멸 낙원의 삶 누리게끔
해주시려 오신 님을 공경합니다 따르렵니다

 지장보살

지장보살 두 눈의 흐르는 눈물
마르실 날 언제일까 생각하고 또 생각해도
이 세상의 사람들이 멀어지게만 하고 있네요
보살님 어찌해야 하오리까
반야의 실천으로 최선 다해 돕는다면
안 되는 일 있으리까
대원본존 지장보살 나무 지장보살
얼씨구나 절씨구나 한 판 놀음 덩실덩실 살
아들 보세

 나는 바보

나는 바보다 나는 바보야
역지사지 알다보니 바보가 되었네
그렇지만 내 주위는 언제나 웃음이 있고
나눔이 있어 행복하다네
나는 나는 그런 바보야
나는 나는 그런 바보야

 옛 고향

고향 옛 고향이 그리워 거니는 산책에
고요한 달빛 휘영청 밝고 밤새는
그 무슨 생각에 저리 부르는 노래인데
숲 타고 온 석종소리에 열리는 옛 내 고향
그리도 캄캄하던 생각들은 흔적도 없고
고요한 마음 옛 고향 털끝만큼도
가리운 것이란 없었는데
어찌해 그 무엇에 어두웠던고 고향길 옛 내 고향
나는 따르리라 끝없는 일이라 하여도
님 하신 구제 고난과 역경
그 어떤 어려움 닥쳐도
님 하시는 일이라면 멈추는 일 없을 것일세
이것만이 보은이라네 보은이라네

 곰탱이

곰탱이 곰탱이 미련 곰탱이
세상 사람 요구 따라 다 들어준
사람더러 곰탱이라네
요구 따라 따지지 않고
들어주기 바쁜 이를 놀려대며 하는 말
곰탱이 곰탱이 미련 곰탱아
그리 살다간 끝내는 빌어먹을 쪽박마저
없겠구나 미련 곰탱아
그래도 덩실덩실 추는 춤을
보며 깔깔 웃는 사람들아
웃는 자신 모르니 서글퍼 내 하는 말
한 판의 꿈속이라 천금만금 쓸데없네
깔깔 웃는 그 실체를 자신 삼아 사는 삶이 되길
바라고 바라는 곰탱이 춤이로세

미련 곰탱이

나는 나를 모르는 곰탱이 곰탱이 미련 곰탱이
나라는 나를 보고 듣는 그거라고 보여주듯 일러줌에
동문서답 일관하는 곰탱이 곰탱이 미련 곰탱이
그러므로 성현들의 천하태평 무릉도원 못 누리고
고생고생 살아가는 곰탱이 곰탱이 미련 곰탱이
그런 삶을 면하려면 나라는 나를 깨달아라
자상하게 이끈 말씀 이행 못 한 곰탱이 곰탱이 미련 곰탱이
귀천 없이 이끌어서 선 자리가 안양낙원 되게 하신
말씀을 이행 못 한 곰탱이 곰탱이 미련 곰탱이
궁전 낙을 저버리시고 고행 수도 다하셔서
나란 나를 깨침으로 영생의 낙원으로 이끄셨네
이 기회를 놓친다면 다시 만나기 어렵고 어려우니
칠야삼경 봉화 같은 그 지혜의 광명 받아
각자 것이 되게 하란 그 말씀을
실행 못 한 곰탱이 곰탱이 미련 곰탱이
그 지혜의 이끔 받아 각자 경지 이러-히 되는 날엔
백사 만사 무엇이든 뜻대로 이뤄진다 권한 말씀
실행 못 한 곰탱이 곰탱이 미련 곰탱이
눈앞의 그 작은 것 쫓다가 영원한 삶의 낙 놓치지 않으려면
나란 나를 꼭 깨달으란 귀한 말씀
실행 못 한 곰탱이 곰탱이 미련 곰탱이
금구 성언 귀담아듣지 않고 흘려듣다간
백 년도 못 채운 후회막심 삶 되리니
새겨듣고 새겨들어 실천하란 그 말씀
실행 못 한 곰탱이 곰탱이 미련 곰탱이
실천하여 깨닫고 박장대소 하는 날엔
삼세 성현 모두모두와 곰탱이 곰탱이가
누리 안은 광명 놓네 누리 안은 광명 놓아 삼창을 할 거라네

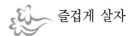

부처님의 말씀

부처님 말씀은 하나하나 자비더라
그러기에 불자들은 온화하고 선하더라
부처님 가르치는 이치는 흐르는 물이고
서늘한 산바람이며 봄꽃 향기요
심금을 울리는 연주요 노래요
포근한 어머니의 사랑이더라
바다처럼 넓고 넓은 자비의 품이더라
포근하고 온화한 그 가르침 하나하나
이치에 어긋남이 없으신 진실이더라
모두모두 다 함께 우리 모두 닮자구요
모두모두 다 함께 우리 모두 닮자구요
모두모두 다 함께 우리 모두 닮자구요
어쩌다 어쩌다 이런 가르침을 만났는지
이 다행 이 요행 헛되이 하지 않아
이 생에 깨달아서 이 크고 큰 은혜
갚는 일에 소홀하지 않으리라
감사합니다 감사합니다 우리 부처님
당신의 후예들마저도 유일하게
전쟁 같은 일들은 일으키지 않습니다
사랑하라 하면서 용서하라 하면서
사람이 사람을 죽이는 일
파리 목숨 취급하듯 하는 일이
있어서야 되겠습니까
혹시라도 이런 일이 종교에 있어서는
절대로 안 되는 일이라 믿습니다
관세음보살 나무아미타불
우리 모두 서로가 서로를 아끼고
사랑합시다 사랑합시다 사랑합시다

즐겁게 살자

나를 찾아 행복을 찾아
내면 향한 명상으로 비춰보며
오늘도 최선을 다한 하루해가 져가네
노을빛 곱게 물이 들고 내 꿈도 이뤄져간다
생각만 하여도 보람찬 미소를 짓는다
세상만사 별것이더냐
서로서로 도와가며 살면서
틈틈이 내면 향한 명상으로
몸 건강 마음 건강 챙기며 사노라면
참나 깨친 박장대소도 짓고
세상 고별 마음대로 하는 날도 있을 걸세
그런 날을 기대하며 일하고 명상하며
하루하루 즐겁게 살자

행복이란

즐거웁게 즐겁게
살아가면 좋잖아
한 번뿐인 인생인데
모두 활짝 웃어요
신이 나게 웃어요
행복이란 돈과 직위에
있는 것 아니라네
행복이란 그 어떤 마음으로
사느냐에 있다네
다 같이 다 같이 웃어들 봐요
그 웃음 타고 행복이 오네
짧은 인생살이 이렇게
만들어가며 살아들 보세

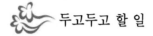 두고두고 할 일

아미타불 사유를 깊이깊이 하여서
하늘땅 생긴 이래 오늘에 이르도록
크나큰 은산철벽 너머 일처럼
까마득히 모르던 나를 깨달았으나
모양 빛깔 없어서 쥐어줄 수도
보여줄 수도 없는 일이라서
입은 옷 뒤집어 보이듯 못하니 한이구나
그러나 보고 듣고 하는 바로 그것이니
마음눈을 활짝 열어 듣는 그곳 향해 살펴봐요, 살펴봐
하늘땅이 간 곳 없고 자신까지 사라진 데서
듣고 아는 그것 내가 아니던가
깊이깊이 참구해서 참나 찾아 결정신을 내리게나
다생겁의 윤회 중에 몸종 노릇 허사란 걸 경험하지 않았던가
그 깨달음에 비추어 세상 일에 응해가며
보림수행하는 일에 방심하지 않아서
구경각을 성취 후에 모든 류를 구제해서
큰 불은 갚음만이 두고두고 할 일일세, 두고두고 할 일일세

화엄의 세계

1. 각자 마음 깨닫고 봐요
누리 그 모두가 장엄이네 장엄, 빛의 장엄
어느 하나 마음의 장엄 아닌 게 없네, 없어
다함 없고 끝이 없는 보고 듣는 마음 하나 바로 쓰면
이대로가 무릉도원 화엄의 세계로세

2. 보고 듣고 느끼고 생각하는
그 모든 것 장엄이네 장엄, 빛의 장엄
어느 하나 빛의 장엄 아닌 게 없네, 없어
다함 없고 끝이 없는 보고 듣는 마음 하나 바로 쓰면
이대로가 화장세계 장엄의 세계로세

일체유심조

듣는 나를 내가 보니
바탕 없는 그 몸에

갖은 묘용 지녀 있어
오고 감은 물론이요

일체 모두 지어내고
그걸 또한 응용하여

자유자재 그 능력
못하는 것 하나 없네

온 누리에 펼쳐놓고
어울려 누려사세

이리 좋은 자기능력
전혀 몰라 헤매이는

세상 사람 갖은 고통
몸종 노릇 결과이니

마음 나된 삶으로써
억겁 굴레 벗어나서

맘이 지닌 능력회복
한시 빨리 이루어서

영원한 본래 삶을
같이 누려 살아 가세

(아리랑후렴)

함께 이뤄 누립시다
함께 이뤄 누립시다

어화둥둥 좋고 좋아
얼씨구나 좋고 좋다

이 마음이 내가 된 삶
이렇게도 상상밖에

달라질 수 있을까-
너무나도 달라져서

내자신이 놀라웁고
놀라워서 뭐라못해

조용하고 차분함 속
이 즐거움 말로 못해

온 누리를 선 자리서
볼 수 있는 능력이여

과거일을 알 수 있고
미래일을 예감하는

지혜능력 갖춰있어
실수란 것 없는 삶-

꿈 세계도 창조하는
모두 지닌 능력이니

뜻 있으면 가능하니
이 아니 전능한가

(아리랑 후렴)

전능으로 베풀어서
모두 함께 즐겨가며

후세들을 깨우는 낙
함께 하는 삶이니

이 아니들 좀도 좋고
얼씨구나 좋고 좋다

이 능력과 이 힘이면
온 세상을 바꿔 놓는

그 어떠한 일이라도
어려울게 뭐 있으리

뜻있으면 길이 있고
길있으면 하면 되는

이리 좋은 그 방법이
맘이 나된 그거로세

이리 좋은 길을 두고
안할 사람 뉘 있으리

이 일만이 길이길이
행복누릴 길이로세

넓고 넓은 누리 정원
펼쳐 놓고 모두 함께

손에 손을 서로잡고
함께 누린 삶으로써

일상이 된 이런 삶이
맘이 나 된 결과로세

이런 일을 아니하고
그 무엇을 할것인가

모두 모두 맘이 나된
그 일 실천 꼭 하여서

태평세월 함께 누린
그런 삶을 누려보세

얼씨구나 좀도 좋고
절씨구나 좋고 좋다

(아리랑 후렴)

내 마음 내가 된 삶

내 마음 내가 된 삶
모두들 살아봐요

신기하고 신기하다
신기하고 신기해
(세번 반복)

내 마음 내가 되니
영원한 삶이로세

신기하고 신기하다
신기하고 신기해
(세번 반복)

내 마음 내가 되니
안되는 일 없구나

신기하고 신기하다
신기하고 신기해
(세번 반복)

(아리랑 후렴)

꿈 세계도 창조한데
무엇인들 안될건가

신기하고 신기하다
신기하고 신기해
(세번 반복)

원근거리 상관없이
동시에 이르르니

신기하고 신기하다
신기하고 신기해
(세번 반복)

산하석벽 걸림 없이
자유로이 오고가니

신기하고 신기하다
신기하고 신기해
(세번 반복)

(아리랑 후렴)

상대방의 마음도
읽어낼 수 있으니
그 아니 신기한가

신기하고 신기하다
신기하고 신기해
(세번 반복)

과거 현재 미래 일을
앞 일처럼 아는 능력

신기하고 신기하다
신기하고 신기해
(세번 반복)

내 마음 내가 되면
이런 자유 누려사니
그 아니 신기한가

신기하고 신기하다
신기하고 신기해
(세번 반복)

온 누리의 모든 사람
이 행복을 같이 누려
살아들 봅시다

신기하고 신기하다
신기하고 신기해
(세번 반복)

아리랑 아리랑 아라리요
아리랑 고개로 넘어간다

좀도 좋다

듣는 나를 알지 못해
생활하는 그 가운데
알고파서 명상한데

어허 참말 이럴수가
창피하고 창피하다
창피하고 창피해-

듣는 그 곳 살펴보면
허공처럼 텅텅비어
어찌해야 옳을지를

어허 참말 이럴수가
창피하고 창피하다
창피하고 창피해-

허공처럼 비었으나
그게 듣고 대답하니
그게 바로 내 아닐까

어허 참말 이럴수가
창피하고 창피하다
창피하고 창피해-

그러다가 깨달으니
나고 죽음 본래없는
온통 온통 나로구나

얼씨구야 절씨구야
좀도 좋고 좀도 좋다
좀도 좋고 좀도 좋아

맘이 나 된 삶을 사니
낙원 따로 없는 것을
멍청하게 살았구려

얼씨구야 저절시구
좀도 좋고 좀도 좋다
좀도 좋고 좀도 좋아

꿈의 세계 창조했던
그 능력은 오직 하나
맘이 나된 때문일세

얼씨구야 저절시구
좀도 좋고 좀도 좋다
좀도 좋고 좀도 좋아

이 마음이 내가 되니
천리 만리 시차없고
아니된 일 전혀 없네

얼씨구야 저절시구
좀도 좋고 좀도 좋다
좀도 좋고 좀도 좋아

낙원의 삶 이 아닌가
영원의 삶 이 아닌가
맘이 나 된 삶을 사세

얼씨구야 저절시구
좀도 좋고 좀도 좋다
좀도 좋고 좀도 좋아

그 말씀

1. 님들의 고구정녕 그 말씀 맘에 새기세
그러면 오는 날엔 행복을 누리며
이웃들을 도우며 살리
개미처럼 개미처럼 개미처럼
개미처럼 개미처럼 개미처럼
개미처럼 개미처럼 개미처럼
이것저것 논하려 하지 말고 서로가
서로를 도와 세상을 이끄는 데 노력하면
이 세상의 그 어떠한 일일지라도
못 이룰 일 없을 것일세
꿀벌처럼 꿀벌처럼 꿀벌처럼
꿀벌처럼 꿀벌처럼 꿀벌처럼
꿀벌처럼 꿀벌처럼 꿀벌처럼

2. 님들의 가르침을 실행한 덕으로써
마음에 갖추어진 갖가지 능력을
부려 써서 누리는 삶을
개미처럼 개미처럼 개미처럼
꿀벌처럼 꿀벌처럼 꿀벌처럼
더불어 함께하면 별유천지 눈앞에 일이로세
이 모든 것이 참고 참아 극복해 이겨냈던
그 공덕의 결실이로세 그 공덕의 결실이로세
구름위의 백학처럼 구름위의 백학처럼 구름위의 백학처럼
함께누려 살아가세 함께누려 살아가세 함께누려 살아가세

웃고 살자

1. 아하하하 우습다 아하하하 우스워
제 그림자 모르고 저라 하는 사람 보고 아니 웃고 울랴
아하하하 우습다 아하하하 우스워(3번 반복)
여섯 도적 종노릇에 헌신하는 사람 보고 아니 웃고 울랴
아하하하 우습다 아하하하 우스워
저승세계 코앞인데 대비 없는 사람 보고 아니 웃고 울랴
아하하하 우습다 아하하하 우스워(3번 반복)
참나 찾지 아니하고 허송하는 사람 보고 아니 웃고 울랴
아하하하 우습다 아하하하 우스워(3번 반복)
아리랑 아리랑 아라리요
아리랑 고개를 넘어간다
나를 버리고 가시는 님은
십 리도 못 가서 되돌아온다

2. 즐겁고도 즐겁다 즐겁고도 즐거워(3번 반복)
좋은 인연 있었던가 거룩한 이 만나서 참나 찾은 이 행운이
즐겁고도 즐겁다 즐겁고도 즐거워(3번 반복)
이 행운을 나 혼자서 누리기에 아쉬워 인도하려 나섰는데
아리랑 아리랑 아라리요 아리랑 아리랑 아라리가 났네
즐겁고도 즐겁다 즐겁고도 즐거워(3번 반복)
영원한 나 찾음으로 한순간에 성취한 낙원의 삶 권하나니
즐겁고도 즐겁다 즐겁고도 즐거워(3번 반복)
우리 모두 다 함께 얼싸안고 누리는 그런 세상 노력하세
즐겁고도 즐겁다 즐겁고도 즐거워(3번 반복)
아리랑 아리랑 아라리요
아리랑 고개를 넘어간다
청천 하늘엔 잔별도 많고
이내 가슴엔 희망도 많다

서로서로 나누면서

버들 푸르고 꽃 만발하고 나비 춤이더니
녹음이 우거지고 매미들의 노래 가득한 천지
울긋불긋 고운 단풍 어제인 듯한데 눈이 오네
우리 모두의 삶 저러하고 저렇지 않던가
보기도 아까웁고 소중한 형제 자매들이니
서로서로 나누면서 짧은 우리네 삶을 즐김으로 살아가세

사람 사는 이치

이 세상 사람들 사는 것
농부들 농사를 짓는 것과
조금도 다를 바 없는 이치이니
여러분 귀 기울여 들어보시오
얼씨구나 좋네 지화자 좋네 아니아니 그러한가

봄이 되면 깊이깊이 간직해 둔 씨곡식을
꺼내다 땅을 파고 다듬어서 골을 파고 뿌린 후에
오뉴월 찜더위에 구슬땀을 흘리면서
김을 매어 가꾸는 것은 엄동설한 추운 날에
사랑하는 부모님과 아내 자식들 모두
잘 지내게 하려는 깊은 뜻에서라네
얼씨구나 좋네 지화자 좋네 아니아니 그러한가

어떤 이가 말을 하기를 늘 현재만을 즐겁게 살자
강변함을 보았는데 좋은 말이기는 하지만
그 말은 자칫하면 희망이 없는 잘못된 말이라네
그러므로 내일을 위하여 오늘의 어려움을 즐기면서
밝게밝게 살아갑시다
얼씨구나 좋네 지화자 좋네 아니아니 그러한가

 불법 공부   좋구나

1. 이 세상 사는 분들게
권하오니 나를 찾는
이뭐꼬 화두 공부를
곰곰이 챙기고 챙겨
쉬지 않고 하다보면
하늘땅도 흔적 없이
사라지고 몸 없는 내가
환한 웃음 짓는 날이
있을테니 결정신을
내리어서 우리 함께
길이길이 누립시다

2. 불법 만난 이 다행을
그 무엇과 비교하랴
이 다행을 만났을 때
최선 다한 실행으로
금생에서 크게 깨쳐
불보살님 칭찬 받는
오후보림 필히 마쳐
중생 다한 그때까지
님의 은혜 갚을 것을
굳은 의지 맹서로써
다짐하고 다짐하세

3. 때가 없고 장소 없이
뜻을 따라 이뤄지는
이리 좋은 세상살이
본래부터 갖춰짐을
누리는 삶 우리 모두
일심동체 그리 되어
이 생 저 생 할 것 없이
얼씨구나 절씨구나
노래하고 춤도 추며
천생만생 누립시다
길이길이 누립시다

좋구나
이곳이 어때서
낙원에 장소가 있나요

마음이 착하면
선 곳이 무릉도원
이런 삶이 참 삶이라네

미소를 지으며
손에 손을 잡고서
태평가를 모두들 불러요

우리들 이렇게 서로 만나 사는 것
백겁천생 인연이라네

세월아 맞춰라
내 즐기고 즐기며
함께하는 이들에게 위로를 하려네

영원한 행복 찾기

 ## 불법

1. 사람 사람마다
지닌 그 마음이
내가 된 삶으로
살아 가노라면
자연 알게 되네

둥글고 둥글게
모남없이 살자
(세번 반복)

마음 먹은대로
하고 싶은대로
척척 이뤄지고
꿈을 창조하던
능력 부린 날도
멀지 않으리니

둥글고 둥글게
모남없이 살자
(세번 반복)

노력 실천 다해
영원한 삶으로
영원한 행복을
함께 누려보세
함께 누려보세

둥글고 둥글게
모남없이 살자
(세번 반복)

2. 사람 사람마다
맘을 깨달아서
맘이 내가 되면
평등 그 자체라
자연인이 되어

둥글고 둥글게
모남없이 살자
(세번 반복)

서로 어울려서
나눈 인간미들
행복 그 자체며
오간 말들마다
온화한 그 체취

둥글고 둥글게
모남없이 살자
(세번 반복)

차별없는 베품
풍족한 맘이고
가족같은 일상
낙원의 이 삶을
함께 누려보세
함께 누려보세

둥글고 둥글게
모남없이 살자
(세번 반복)

불법은 내게 있어
첫째도 둘째에도
내 삶의 이유이고
내 삶의 온통이며
마음의 광채이고
마음의 자비이며
자비의 실천이고
자비의 일상이며
희망의 꽃밭이고
희망의 피안이며
서원의 동력이고
서원의 자산이며
모두의 태평이고
모두의 영원일세

금강의 노래 1

일 없는 경지인 부처님, 중생 위해
한순간도 쉼 없이 일심전력 쏟으시네.

사위국 기수급고독원서 1250명의 비구
들과 계실 때 세존께서 공양 때가 되자
가사 입고 발우 들고 사위성에 들어 차
례차례 비신 후에 본 곳에 오셔 드시고
가사 발우 거둔 다음 발 씻고 자리 펴 앉
으셨네.

이때 장로 수보리 대중 가운데 있다가
자리에서 일어나 오체투지로 앉아 공경
히 합장하고 부처님께 여쭙기를

"희유합니다. 세존이시여. 모든 수행하
는 보살들에게 잘 생각하여 지키게 하시
고 잘 부촉하셨습니다. 그러나 세존이시
여 아뇩다라삼먁삼보리 마음을 내어 어
떻게 머무르며 어떻게 그 마음을 항복시
켜야 합니까?"

"착하고도 착하구나. 수보리야. 네가
말한 대로 여래는 모든 보살들이 잘 생
각하여 지키게 하였고 모든 보살들에게
잘 부촉하였다. 그러나 제삼 청하니 너
희들은 자세히 들거라. 그대들을 위해
일러주리라.

선남자 선여인들이여, 아뇩다라삼먁삼
보리 마음을 내어 마땅히 이러-히 머물
고 이러-히 그 마음을 항복시켜야 하니
라."

금구성언 말씀대로 실천 다해
내 기어이 성취하여 구류 구제
최선 다해 큰 은혜를 보답하리

"그러하오나 세존이시여, 정말 그렇습
니다만 바라옵건대 보다 더 자세히 듣고
자 하나이다."

부처님께서 수보리에게 말씀하시기를

"모든 보살마하살은 마땅히 이러-히 그
마음을 항복시켜야 하니라. 내가 모든
중생들인 아홉 가지 무리들을 모두 남김
없이 열반에 들게 하여 이러-히 한량없
고 수없고 끝없는 중생을 멸도해서는 진
실로 멸도 얻은 중생이 없어야 하니라.

왜냐하면 수보리야 만일 보살이 아상,
인상, 중생상, 수자상이 있다면 곧 보살
이라 할 수 없기 때문이다.

수보리야, 보살은 마땅히 법에도 머무
름 없이 보시를 해야 하는 것이니 색에
머무름 없이 보시를 해야 하며, 소리나
향기나 맛이나 촉감이나 법에도 머무름
없이 보시를 해야 하니라.

수보리야, 마땅히 보살은 이러-히 보시
를 하여 모든 상에 머무름이 없어야 하
는 것이니, 만약 보살이 상에 머무름 없
이 보시를 하면 그로 인한 복덕은 생각
으로 헤아릴 수 없느니라. 왜냐하면 끝
없는 미래에 누리기 때문이니라.

그대는 어떻게 생각하느냐? 몸과 모
양으로 여래를 볼 수 있겠느냐, 없겠느
냐?"

"볼 수 없습니다. 세존이시여. 몸과 모
양으로는 여래를 볼 수 없습니다. 왜냐
하면 여래께서 말씀하신 몸과 모양은 곧
몸과 모양이 아니기 때문입니다."

"수보리야, 무릇 있는 바 상이 모두 허망하다고들 하나 만약 모든 상이 상 아님을 보면 바로 여래를 본 것이니라."

금구성언 말씀대로 실천 다해
내 기어이 성취하여 구류 구제
최선 다해 큰 은혜를 보답하리

수보리가 부처님께 여쭈었다.
"이상과 같은 말씀을 듣고 참답게 믿음을 낼 중생이 있겠습니까?"
"수보리야, 그런 말을 말라. 내가 열반한 뒤 오백 세가 지난 후라도 계행을 갖추고 복을 닦는 사람이 있어서 이 글귀에 능히 믿는 마음을 내어 이로써 참다움을 삼을 것이니라.
마땅히 알라. 이 사람은 한 부처님, 두 부처님, 세 부처님, 네 부처님, 다섯 부처님에게만 선근을 심은 것이 아니라 이미 한량없는 천만 부처님 처소에서 선근을 심었기에 이 글귀를 듣고 지극한 한 생각에 깨끗한 믿음을 내니라."

금강반야바라밀
금강반야바라밀
금강반야바라밀

금구성언 말씀대로 실천 다해
내 기어이 성취하여 구류 구제
최선 다해 큰 은혜를 보답하리

금강의 노래 2

일 없는 경지인 부처님, 중생 위해
한순간도 쉼 없이 일심전력 쏟으시네.

수보리가 부처님께 여쭈었다.
"세존이시여, 부처님께서 아뇩다라삼먁
삼보리를 얻으셨다 하나 얻은 바 없습니
다."
"그렇고 그렇다 수보리야. 나에게는 아
뇩다라삼먁삼보리나 그 어떤 조그마한
법도 얻음이 없으니 이를 이름하여 아뇩
다라삼먁삼보리라 하니라.
수보리야 이 법은 평등하여 높고 낮음이
없기에 이를 이름하여 아뇩다라삼먁삼보
리라 하니라. 아도 없고, 인도 없고, 중
생도 없고, 수자도 없이 모든 선법을 닦
아야 곧 아뇩다라삼먁삼보리를 얻느니
라.

금구성언 말씀대로 실천 다해
내 기어이 성취하여 구류 구제
최선 다해 큰 은혜를 보답하리

수보리야 선법이라고 말한 것도 여래가
곧 선법도 아닌 이것을 이름하여 선법이
라 할 뿐이니라.
수보리야 만일 어떤 사람이 삼천대천세
계 가운데 있는 모든 수미산왕만 한 일
곱 가지 보배 무더기로 보시한다 해도
이 반야바라밀경의 네 글귀 게송만이라
도 받아 지녀 읽고 외워서 다른 사람을
위하여 설하여 주는 이가 있다면 앞에서
일곱 가지 보배로 보시한 복덕으로는 백

천만억의 일에도 미칠 수 없느니라.
왜냐하면 그 복덕은 끝없는 미래에 누리
기 때문이니라.

다른 사람을 위하여 어떻게 말하여 주겠
느냐?
취할 상이란 것도 없으니 이러-하고 이
러-해서 움직임이 없도록 하라.
왜냐하면 모든 함이 있는 법은 꿈 같고,
허깨비 같고, 물거품 같고, 그림자 같으
며, 이슬 같고, 번개 같아서 마땅히 이
러-히 보아야 하기 때문이니라.

금구성언 말씀대로 실천 다해
내 기어이 성취하여 구류 구제
최선 다해 큰 은혜를 보답하리

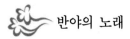 반야의 노래

일 없는 경지인 부처님, 중생 위해
한순간도 쉼 없이 일심전력 쏟으시네

내면 향해 비춰보는 지혜로써 이 몸 공함 바로 보아
나고 죽는 모든 괴로움 벗어나신 관자재의 말씀
들어보오

색이라 하나 공과 다르지 아니하고
공이라 하나 색과 다르지 아니하여
색 그대로 공이고, 공 그대로 색이며
받는 것, 생각하는 것, 행하는 것, 분별도 그렇다네

모든 법의 상도 또한 공했나니
나고 죽음 본래 없고 더럽지도 깨끗지도 아니하며
늘지도 줄지도 않는다네

금구 성언 옳은 말씀
수행이란 힘이 들어도
고비 넘겨 이뤄만 봐요
더 없는 행복을 이루네

공 가운데 색 없어서, 받는 것, 생각하는 것, 행하
는 것, 분별도 없고
눈과 귀와 코와 혀, 몸과 뜻도 없고
빛과 소리, 향기와 맛, 닿는 것과 법도 없어
눈으로 볼 경계 없어 뜻으로 분별할 경계도 없고
무명 없고 무명 다함 또한 없다시네
그러므로 늙고 죽음 없고, 늙고 죽음 다한 것도 본
래 없어
고와 집과 멸과 도도 없다 하고
지혜도 없고 또한 얻음마저 없으니, 얻을 바 없는
까닭이라네

금구 성언 옳은 말씀
이 경지가 힘이 들어도
굽이 넘겨 이뤄만 봐요
영원한 행복을 이루네

보살님들 반야바라밀다를 의지하는 까닭으로
마음에 걸림 전혀 없고
걸림 없는 까닭으로 두려움이 전혀 없어
엎어지고 거꾸러진 꿈결 같은 생각들이
전혀 없어 마침내 열반이라네

삼세 모든 부처님도 지혜로써 저 언덕에 이르
름을 의지한 고로
무상정변정각 이뤘나니 그러므로 알지어다
반야바라밀다는 이러-히 크게 신령한 주며 이
러-히 크게 밝은 주며
이러-히 위없는 주며 이러-히 차별 없는 차별
하는 주라
능히 모든 괴로움을 없앤다 함 진실이지 거짓
없네

아제 아제 바라아제 바라승아제 모지 사바하
아제 아제 바라아제 바라승아제 모지 사바하
아제 아제 바라아제 바라승아제 모지 사바하

금구 성언 옳은 말씀
이 경지를 최선을 다해
이룬다면 끝없는 삶에
영원한 행복을 이루네

치유의 노래

요즈음의 우울증과 가지가지 신경성 질환에 시달리는 사람들
세상에서 들리는 저 모든 소리들을
나의 내면에서 듣는 곳을 향해 비춰보오
쉬운 일은 아니지만 포기하지 않고
듣는 곳을 향해 보고 또 보는 것을
하루 이틀 한 달 두 달 지속하다 보면
어느 날 밖이 없는 고요를 체험하게 될 것일세
얼씨구나 좋네 지화자 좋네 아니아니 그러한가

그 고요를 지속하도록 노력하노라면
어느 날 대상 없는 미소와 동시에 편안함을 체험하게 될 것일세
밖이 없는 이 고요의 편안함을 즐기다 보면
어느 날 밖의 어느 인연을 맞아 그 실체인 자신을 발견할 것일세
이 실체를 발견한 뒤 세상을 살아가는 과정에서
어려운 일이 있으면 바로 그 실체에 비춰 보게
그 어려운 것들이 사라지고 밖이 없는 고요로운 실체의 자신이
대상 없는 미소를 짓게 될 것일세
얼씨구나 좋네 지화자 좋네 아니아니 그러한가

효

1. 아들 딸이 귀엽고 사랑스런 그 속에 우리들의 부모님
어려움에도 끝내 가르치고 기른 정 이제 읽으며
늦은 눈물로써 불초를 뉘우치며 맹세하고 다짐하는
아들 딸이 여기 있으니, 건강히 오래만 사시기를
손 모아 손을 모아 간절하게 바라고 또 바라는
기도를 합니다 부모님 입이 귀에 걸리시게 할 겁니다

2. 어렵고도 어려운 보릿고개 그 속에 우리들을 먹이고
가르치느라 정말 그 얼마나 고생이 되셨습니까
허리 두 끈으로 졸라맨 아픔으로 사셨죠
정말정말 오래도록 건강하게만 계셔주신다면
아들 딸을 낳으시고 길러주신 그 노고에 크게 보답할 겁니다
아버님 어머님의 입이 귀에 걸리시게 할 겁니다

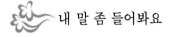 ## 내 말 좀 들어봐요

모두모두 내 말 좀 들어봐요
이 몸이 내가 아니라 이 마음이 나 아닌가
살아가는 생활 속에 명상을 하여
이 맘 찾아 나를 삼아 살아를 봐요
모든 속박 모든 괴롬 벗어나는 아주 좋은 일이니
이제라도 안 늦으니 명상으로 뜻 이루어
영원한 생명, 영원한 행복 우리 모두 누려들 보세
사막화를 막고 사막 경영 시대를 열자

사막화로 급속히 변해가는 이 지구를
방치해선 아니 되네 방치하면
지구가 생긴 이래 최악의 상태 됨은
불을 보듯 뻔한 일일세, 하지만

육십 억의 온 인류가 한 마음 한 뜻 되어
황무지는 돌나물로 푸른 초원 만들고
확장되는 사막화를 배수관의 바닷물로 막는다면
지구가 생긴 이래 가장 살기 좋은 시대를
인류는 맞을 걸세

아리랑 아리랑 아라리요
아리랑 고개를 넘어간다
청천 하늘엔 잔별도 많고
이내 가슴엔 희망도 많다

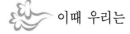 사막은 지구의 심장

21세기는 사막 경영 시대를 열어
연구에 노력을 다한다면
지상 낙원이 인류에게 달려와서 맞을 걸세

육십 억의 온 인류가 손에 손잡고 한 뜻 되어
사랑하는 마음으로 역경을 헤쳐 나가
사막화를 막고 황무지를 초원으로
살기 좋은 지구촌을 이뤄보세
살기 좋은 지구촌을 이뤄보세

아리랑 아리랑 아라리요
아리랑 고개를 넘어간다
청천 하늘엔 잔별도 많고
이내 가슴엔 희망도 많다

 이때 우리는

1. 화산의 폭발로 해서 사람들과 모든 것이 용암펄로 화해버린
이 막막한 우리들을 올바르게 영원으로 끌어주실
성인 중의 성인이신 불보살님 나라에 가 나는 게 꿈이네

2. 태풍이 인가를 덮쳐 다정했던 이웃들은 간 곳 없고
어지러운 벌판 되어 처참하고 참담하기 그지없는 무상한
이 현실에 의지할 분, 생명 밝혀 영원케 한 부처님 뿐이네

3. 지진이 우리의 삶을 삼켜버려 초토화가 되어버린
허망하기 그지없는 우리들의 현실에선 사방천지 둘러봐도
의지해야 할 분은 자신 깨쳐 누리라 한 부처님 뿐이네

🌸 잘 사는 비결

참지 못한 결과는 어려움이 닥치고
참고 참는 결과는 좋은 일이 온다네
친구들아 모든 일 힘을 합쳐 맞으면
못 이룰 일 없지만
니 떡 너 먹고 내 떡 나 먹는 그럼 마음 쓴다면
될 일도 아니 된다네
우리 서로 뜻을 합쳐 모두모두 잘 살아보세
이미 이룬 과학문명 선용을 해서 용맹심을 내어
모든 일에 임한다면 행복이 줄을 서서 올 걸세
아리랑 아리랑 아라리요
아리랑 고개를 넘어간다
청천 하늘엔 잔별도 많고
이내 가슴엔 희망도 많다

용서한 결과로는 웃는 날을 맞이하고
베푼 뒤엔 참 좋은 이웃들이 생기네
친구들아 서로들 힘을 합쳐 임하면
못할 일이 없지만
니 떡 너 먹고 내 떡 나 먹는 그런 마음 쓴다면
될 일도 아니 된다네
오늘부터 뜻을 합쳐 우리 한번 잘 살아보세
이미 이룬 과학문명 선용을 해서 용맹심을 내어
모든 일에 임한다면 행복이 줄을 서서 올 걸세
아리랑 아리랑 아라리요
아리랑 고개를 넘어간다
청천 하늘엔 잔별도 많고
이내 가슴엔 희망도 많다

🌸 만들자

1. 빌딩숲의 실외기 열
오고가는 차 배기가스
사람소리 기계소리를
원림 속의 새소리와
개울소리 미풍소리
그것으로 만들자 만들자 만들자

2. 이익 따져 주고받는
설왕설래 어지러움
높고 낮은 금속음들을
매미소리 물소리와
노래하는 환경으로
우리 함께 만들자 만들자 만들자

3. 하늘 맑고 별이 빛난
조용하고 시상 뜨는
그런 환경 거닐면서
손에 손을 마주 잡고
노래하는 세상으로
우리 함께 만들자 만들자 만들자

정직하고 착한 마음

1. 정직하고 착한마음
우리모두 실천하면

먼저 가정 화평하고
웃음 꽃에 향내나며

이웃간에 믿음 깊어
서로 소통 이뤄져서

나라위한 일이라면
솔선수범 모두하고

서로 믿는 사회여서
안되는 일 없을걸세

서로 믿고 웃는 사회
우리 모두 힘 모아서
낙원 나라 이뤄내어
세계 이끈 나라 되세

2. 정직하고 착한 행동
우리 모두 실천하면

믿는 마음 두려워져
서로서로 돕게 되고

그리되면 힘 모아서
일일마다 쉬 이뤄져

앞서가는 나라되고
대접받는 국민되어

곳곳에서 우러르는
그런 국민 될 것일세

서로 믿고 웃는 사회
우리 모두 힘 모아서
낙원 나라 이뤄내어
세계 이끈 나라되세

3. 이런 마음 이런 행이
우리 조상 바탕이니

우리 국민 이뤄내어
봉화적인 나라로써

지구촌을 낙원으로
이뤄내는 나라되어

가는 곳곳 두르르는
그런 국민 그런 나라

그런 조상 그런 사상
꽃 피우는 국민 되세

서로 믿고 웃는 사회
우리 모두 힘 모아서
낙원 나라 이뤄내어
세계 이끈 나라 되세

도서출판 문젠(Moonzen Press)의 책들

1. 바로보인 전등록 (전30권을 5권으로)

7불과 역대 조사의 말씀이 1,700공안으로 집대성되어 있는 선종 최고의 고전으로, 깨달음의 정수가 살아 숨쉬도록 새롭게 번역되었다.
464, 464, 472, 448, 432쪽.
각권 18,000원

2. 바로보인 무문관

황룡 무문 혜개 선사가 저술한 공안집으로 전등록, 선문염송, 벽암록 등과 함께 손꼽히는 선문의 명저이다.
본칙 48개와 무문 선사의 평창과 송, 여기에 역저자인 대원 선사의 도움말과 시송으로 생명과 같은 선문의 진수를 맛보여 주고 있다.
272쪽. 12,000원

3. 바로보인 벽암록

설두 선사의 설두송고를 원오 극근 선사가 수행자에게 제창한 것이 벽암록이다.
이 책은 본칙과 설두 선사의 송, 대원 선사의 도움말과 시송으로 이루어져, 벽암록을 오늘에 맞게 바로 보이고 있다.
456쪽. 15,000원

4. 바로보인 천부경

우리 민족 최고(最古)의 경전 천부경을 깨달음의 책으로 새롭게 바로 보였다. 이 책에는 81권의 화엄경을 81자에 함축한 듯한 천부경과, 교화경, 치화경의 내용이 함께 담겨 있으며, 역저자인 대원 선사가 도움말, 토끼뿔, 거북털 등으로 손쉽게 닦아 증득하는 문을 열어놓고 있다.
432쪽. 15,000원

5. 바로보인 금강경

대원 선사의 『바로보인 금강경』은 국내 최초로 독창적인 과목을 내어 부처님과 수보리 존자의 대화 이면의 숨은 뜻을 드러내고, 자문과 시송으로 본문의 핵심을 꿰뚫어 밝혀, 금강경 전체를 손바닥 안의 겨자씨를 보듯 설파하고 있다.
488쪽. 15,000원

6. 세월을 북채로 세상을 북삼아

대원 선사의 선시가 담긴 선시화집 『세월을 북채로 세상을 북삼아』는 선과 시와 그림이 정상에서 만나 어우러진 한바탕이다. 선의 세계를 누리는 불가사의한 일상의 노래, 법열의 환희로 취한 어깨춤과 같은 선시가 생생하고 눈부시게 내면의 소리로 흐른다.
180쪽. 15,000원

7. 영원한 현실

애매모호한 구석이 없이 밝고 명쾌하여, 너무도 분명함에 오히려 그 깊이를 헤아리기 어려운, 대원 선사의 주옥같은 법문을 모아 놓은 법문집이다.

400쪽. 15,000원

8. 바로보인 신심명

신심명은 양끝을 들어 양끝을 쓸어버리는, 40대치법으로 이루어진, 3조 승찬 대사의 게송이다. 이를 대원 선사가 바로 번역하는 것은 물론, 주해, 게송, 법문을 더해 통쾌하게 회통하고 자유자재 농한 것이 이『바로보인 신심명』이다.

296쪽. 10,000원

9. 바로보인 환단고기 (전5권)

『바로보인 환단고기』 1권은 민족정신의 정수인 환단고기의 진리를 총정리하여 출간하였다. 2권에는 역사총론과 태초에서 배달국까지 역사가 실려 있으며, 3권은 단군조선, 4권은 북부여에서부터 고려까지의 역사가 실려 있다. 5권에는 역사를 증명하는 부록과 함께 환단고기 원문을 실었다.

344 · 368 · 264 · 352 · 344쪽.
각권 12,000원

10. 바로보인 선문염송 (전30권)

선문염송은 세계최대의 공안집이다. 전 공안을 망라하다시피 했기에 불조의 법 쓰는 바를 손바닥 들여다보듯 하지 않고는 제대로 번역할 수 없다. 대원 선사는 전 공안을 바로 참구할 수 있게끔 번역하고 각 칙마다 일러보였다.

352 368 344 352 360 360 400 440 376 392 384
428 410 380 368 434 400 404 406 440 424 460
472 456 504 528 488 488 480 512쪽 각권 15,000원

11. 앞뜰에 국화꽃 곱고 북산에 첫눈 희다

대원 선사의 선문답집으로 전강 · 경봉 · 숭산 · 묵산 선사와의 명쾌한 문답을 실었으며, 중앙일보의 〈한국불교의 큰스님 선문답〉 열 분의 기사와 기자의 질문에 대한 대원 선사의 별답을 함께 실었다.
200쪽. 5,000원

12. 바로보인 증도가

선종사에 사라지지 않을 발자취로 남은 영가 선사의 증도가를 대원 선사가 번역하고 법문과 송을 더하였다.
자비의 방편인 증도가의 말씀을 하나하나 쳐가는 선사의 일갈이야말로 영가 선사의 본 의중과 일치하여 부합하는 것이라 아니할 수 없다.
376쪽. 10,000원

13. 바로보인 반야심경

이 시대의 야부(冶父)선사, 대원 선사가
최초로 반야심경에 과목을 붙여 반야심경
내면에 흐르는 뜻을 밀밀하게 밝혀놓고
거침없는 송으로 들어보였다.
264쪽. 10,000원

14. 선(禪)을 묻는 그대에게 (전10권 중 2권)

대원 선사의 선수행에 대한 문답집.
깨달아 사무친 경지에 대한 밀밀한 점검
과, 오후보림에 대한 구체적인 수행법 제
시와, 최초의 무명과 우주생성의 원리까
지 낱낱이 설한 법문이 담겨 있다.
280쪽, 272쪽. 각권 15,000원

15. 바로보인 선가귀감

선가귀감은 깨닫고 닦아가는 비법이 고스
란히 전수되어 있는 선가의 거울이라 할
만하다. 더욱이 바로보인 선가귀감은 매
소절마다 대원 선사의 시송이 화살을 과
녁에 적중시키듯 역대 조사와 서산대사의
의중을 꿰뚫어 보석처럼 빛나고 있다.
352쪽. 15,000원

16. 바로보인 법융선사 심명

심명 99절의 한 소절, 한 소절이 이름 그대로 마음에 새겨두어야 할 자비광명들이다.

이 심명은 언어와 문자이면서 언어와 문자를 초월한 일상을 영위하게 하는 주옥같은 법문이다.

　278쪽. 12,000원

17. 주머니 속의 심경

반야심경은 부처님이 설하신 경 중에서도 절제된 경으로 으뜸가는 경이다. 대원 선사의 선송(禪頌)도 그 뜻을 따라 간략하나 선의 풍미를 한껏 담고 있다. 하루에 한 소절씩을 읽고 참구한다면 선 수행의 지름길이 될 것이다.

　84쪽. 5,000원

18. 바로보인 법성게

법성게는 한마디로 화엄경의 핵심부를 온통 훤출히 드러내놓은 게송이다. 짧은 글 속에 일체의 법을 이렇게 통렬하게 담아놓은 법문도 드물 것이다.

이렇게 함축된 법성게 법문을 대원 선사가 속속들이 밀밀하게 설해놓았다.

176쪽. 10,000원

19. 달다 - 전강 대선사 법어집

이제는 전설이 된 한국 근대선의 거목인 전강 선사님의 최상승법과 예리한 지혜, 선기로 넘쳤던 삶이 생생하게 담겨 있는 전강 대선사 법어집 〈 달다 〉!

전강 대선사님의 인가 제자인 대원 선사가 전강 대선사님의 법거량과 법문, 일화를 재조명하여 보였다.

368쪽. 15,000원

20. 기우목동가

그 뜻이 심오하여 번역하기 어려웠던 말계 지은 선사의 기우목동가!

대원 선사가 바른 뜻이 드러나도록 번역하고, 간결한 결문과 주옥같은 선송으로 다시 보였다.

146쪽. 10,000원

21. 초발심자경문

이 초발심자경문은 한문을 새기는 힘인 문리를 터득하게 하기 위하여 일부러 의역하지 않고 직역하였다.

대원 선사의 살아있는 수행지침도 실려있다.

266쪽. 10,000원

22. 방거사어록

방거사어록은 선의 일상, 선의 누림을 보여주는 대표적인 선문이다. 역저자인 대원 선사는 방거사어록의 문답을 '본연의 바탕에서 꽃피우는 일상의 함'이라 말하고 있다. 법의 흔적마저 없는 문답의 경지를 온전하게 드러내 놓은 번역과, 방거사와 호흡을 함께 하는 듯한 '토끼뿔'이 실려 있다.
306쪽. 15,000원

23. 실증설

이 책의 모태는 대원 선사가 2010년 2월 14일 구정을 맞이하여 불자들에게 불법의 참뜻을 보이기 위해 홀연히 펜을 들어 일시에 써내려간 이 책의 3부이다. 실증한 이가 아니고는 설파할 수 없는 일구도리로 보인 이 3부와 태초로부터 영겁에 이르는 성품의 이치를 문답과 인터뷰 법문으로 낱낱이 설한 1, 2를 보아 실증하기를…
224쪽. 10,000원

24. 하택신회대사 현종기

육조대사의 법이 중국천하에 우뚝하도록 한 장본인, 하택신회대사의 현종기. 세간에 지해종도로 알려져 있는 편견을 불식시키는 뛰어난 깨달음의 경지가 여기에 담겨있다. 대원 선사가 하택신회대사의 실경지를 드러내고 바로보임으로써 빛냈다.
232쪽. 10,000원

25. 불조정맥 – 韓 · 英 · 中 3개국어판

석가모니불로부터 현 78대에 이르기까지 불조정맥진영(佛祖正脉眞影)과 정맥전법게(正脉傳法偈)를 온전하게 갖춘 최초의 불조정맥서. 대원 선사가 다년간 수집, 정리하여 기도와 관조 끝에 완성한『불조정맥』을 3개국어로 완역하였다.
216쪽. 20,000원

26. 바른 불자가 됩시다

참된 발심을 하여 바른 신앙, 바른 수행을 하고자 해도, 그 기준을 알지 못해 방황하는 불자님들을 위해 불법의 바른 길잡이 역할을 하도록 대원 선사가 집필하여 출간하였다.
162쪽. 10,000원

27. 누구나 궁금한 33가지

21세기의 인류를 위해 모든 이들이 가장 어렵고 궁금해 하는 문제, 삶과 죽음, 종교와 진리에 대한 바른 지표를 제시하고자 대원 선사가 집필하여 출간하였다.
180쪽. 10,000원

28. 108진참회문 – 韓 · 英 · 中 3개국어판

전생의 모든 악연들이 사라져 장애가 없어지고, 소망하는 삶을 살게 하기 위해 대원 선사가 10계를 위주로 구성한 108항목의 참회문이다. 한 대목마다 1배를 하여 108배를 실천할 것을 권한다.
170쪽. 15,000원

29. 달마의 일할도 허락지 않는다

대원 선사의 짧고 명쾌한 법문집.
책을 잡는 순간 달마의 일할도 허락지 않는 선기와 맞닥뜨리게 될 것이다. 때로는 하늘을 찌를 듯한 기세와, 때로는 흔적 없는 공기와도 같은 향기를 일별하기를…
190쪽. 10,000원

30. 마음대로 앉아 죽고 서서 죽고

생사를 자재한 분들의 앉아서 열반하고 서서 열반한 내력은 물론 그분들의 생애와 법까지 일목요연하게 수록해놓았다.
446쪽. 15,000원

31. 화두 3개국어판 - 韓·英·中

『화두』는 대원 선사의 평생 선문답의 결정판이다. 생생하게 살아있는 선(禪)을 한·영·중 3개국어로 만날 수 있다. 특히 대원 선사의 짧은 일대기가 실려 있어 그 선풍을 음미하는 데에 큰 도움을 주고 있다.

440쪽. 15,000원

32. 바로보인 간당론

법문하는 이가 법리를 모르고 주장자를 치는 것을 눈먼 주장자라 한다. 법좌에 올라 주장자 쓰는 이들을 위해서 대원 선사가 간당론에서 선리(禪理)만을 취하여 『바로보인 간당론』을 출간하였다.

218쪽. 20,000원

33. 완전한 우리말 불공예식법

부처님께 공양을 올리고 불보살님의 가피를 구하는 예법 등을 총칭하여 불공예식법이라 한다. 대원 선사가 이러한 불공예식의 본뜻을 살려서 완전한 우리말본 불공예식법을 출간하였다.

456쪽. 38,000원

34. 바로보인 유마경

유마경은 불법의 최정점을 찍는 경전이라 할 것이니, 불보살님이 교화하는 경지에서의 깨달음의 실경과 신통자재한 방편행을 보여주는 최상승 경전이다. 대원 선사가 〈 대원선사 토끼뿔 〉로 이 유마경에 걸맞는 최상승법을 이 시대에 다시금 드날렸다.

568쪽. 20,000원

35. 실증설
5개국어판 – 韓 · 英 · 佛 · 西 · 中

대원 선사가 불법의 참뜻을 보이기 위해 홀연히 펜을 들어 일시에 써내려간 실증설! 실증한 이가 아니고는 설파할 수 없는 도리로 가득한 이 책이 드디어 영어, 불어, 스페인어, 중국어를 더하여 5개국어로 편찬되었다.

860쪽. 25,000원

36. 누구나 궁금한 33가지
3개국어판 – 韓 · 英 · 中

누구라도 풀어야 할 숙제인 33가지의 의문에 대한 답을 21세기의 현대인에게 맞는 비유와 언어로 되살린 『누구나 궁금한 33가지』가 한글, 영어, 중국어 3개국어로 출간되었다.

408쪽. 15,000원

37. 달마의 일할도 허락지 않는다
3개국어판 - 韓 · 英 · 中

대원 선사의 짧고 명쾌한 법문집인 『달마의 일할도 허락지 않는다』가 한글, 영어, 중국어 3개국어로 출간되었다. 전세계에서 유일하게 활선의 가풍이 이어지고 있는 한국, 그 가운데에서도 불조의 정맥을 이은 대원 선사가 살활자재한 법문을 세계로 전하고 있는 책이다.

308쪽. 15,000원

38. 화엄경 (전81권 중 37권)

대원 선사는 선문염송 30권, 전등록 30권을 모두 역해하여 세계 최초로 1,463칙 전 공안에 착어하였다. 이러한 안목으로 대천세계를 손바닥의 겨지씨 들여다보듯 하신 불보살님들의 지혜와 신통으로 누리는 불가사의한 화엄세계를 열어 보였다.

각권 15,000원

39. 법성게 3개국어판 - 韓 · 英 · 中

법성게는 한마디로 화엄경의 핵심부를 훤출히 드러내놓은 게송으로 짧은 글 속에 일체 법을 고스란히 담아 놓았다. 대원 선사의 통쾌한 법성게 법문이 한영중 3개국어로 출간되었다.

376쪽. 15,000원

40. 정법의 원류

『정법의 원류』는 불조정맥을 이은 정맥선원의 소개서이다. 정맥선원은 불조정맥 제77조 조계종 전강 대선사의 인가 제자인 대원 전법선사가 주재하는 도량이다. 『정법의 원류』를 통해 정맥선원 대원 선사의 정맥을 이은 법과 지도방편을 만날 수 있다.

444쪽. 20,000원

41. 바로보인 도가귀감

도가귀감은, 온통인 마음[一物]을 밝혀 회복함으로써, 생사를 비롯한 모든 아픔과 고를 여의어, 뜻과 같이 누려서 살게 하고자 한 도교의 뜻을, 서산대사가 밝혀 놓은 책이다. 대원 선사가 부록으로 도덕경의 중대한 대목을 더하고, 그 대목대목마다 결문(決文)하였다.

218쪽. 12,000원

42. 바로보인 유가귀감

유가귀감은 서산대사가 간추려놓은 구절로서, 간결하지만 심오하기 그지없으니, 간략한 구절 속에서 유교 사상을 미루어 볼 수 있게 하였다. 대원 선사가 그 뜻이 잘 드러나게 번역하고 그 대목대목마다 결문(決文)하였다.

236쪽. 15,000원

출간도서

바로보인 전등록 전 5권
바로보인 무문관
바로보인 벽암록
바로보인 천부경·교화경·치화경
바로보인 금강경
세월을 북채로 세상을 북삼아
영원한 현실
바로보인 신심명
바로보인 환단고기 전 5권
바로보인 선문염송 전 30권
앞뜰에 국화꽃 곱고 북산에 첫눈 희다
바로보인 증도가
바로보인 반야심경
선을 묻는 그대에게 1·2
바로보인 선가귀감
바로보인 법융선사 심명
주머니 속의 심경
바로보인 법성게
달다 -전강 대선사 법어집
기우목동가
초발심자경문
방거사어록

실증설
하택신회대사 현종기
불조정맥 - 한·영·중 3개국어판
바른 불자가 됩시다
누구나 궁금한 33가지
108진참회문 - 한·영·중 3개국어판
달마의 일할도 허락지 않는다
마음대로 앉아 죽고 서서 죽고
화두 - 한·영·중 3개국어판
바로보인 간당론
완전한 우리말 불공예식법
바로보인 유마경
실증설 5개국어판 - 한·영·불·서·중
누구나 궁금한 33가지 3개국어판
- 한·영·중
달마의 일할도 허락지 않는다
3개국어판 - 한·영·중
화엄경 전 81권 중 37권
법성게 3개국어판 - 한·영·중
정법의 원류
바로보인 도가귀감
바로보인 유가귀감

출간예정 도서

화엄경 39권 ~ 81권
바로보인 능엄경 제6권
바로보인 원각경
바로보인 육조단경
바로보인 대전화상주 심경
바로보인 전등록 전 30권
바로보인 위앙록
해동전등록
말 밖의 말
언어의 향기

농선 대원 선사 선송집
진리와 과학의 만남
바로보인 5대 종교
금강경 야부송과 대원선사 토끼뿔
선재동자 참알 오십삼선지식
경봉선사 혜암선사 법을 들어 설하다
십현담 주해
불교대전
태고보우선사어록

법문 MP3를 주문판매합니다

부처님의 78대손이신 농선 대원 전법선사님의 법문 MP3가 나왔습니다. 책으로만 보아서는 고준하여 알기 어려웠던 선문의 이치들이 자세히 설하여져 있어서, 모든 궁금증을 시원하게 풀어줄 것입니다.

- 천부경 : 15,000원
- 신심명 : 30,000원
- 현종기 : 65,000원
- 기우목동가 : 75,000원
- 반야심경 : 1회당 5,000원 (총 32회)
- 선가귀감 : 1회당 5,000원 (총 80회)

- 금강경 : 40,000원
- 법성게 : 10,000원
- 법융선사 심명 : 100,000원

대원 선사님 작사 노래 CD 주문판매합니다

가슴으로 부르는
불심의 노래

1. 서 원 가 (3:36)
2. 반조 염불가 (4:00)
3. 소중한 삶 (2:30)
4. 석가모니불 (4:52)
5. 맹세의 노래 (4:25)
6. 염원의 노래 (3:25)
7. 음성 공양 (3:51)
8. 발 심 가 (3:05)
9. 자비의 품 (4:10)
10. 부처님 은혜(첫 번째) (4:34)

11. 보살의 마음 (3:50)
12. 이 생에 해야 할 일 (3:08)
13. 구도의 목표 (3:18)
14. 님은 아시리 (3:42)
15. 부처님 은혜(두 번째) (4:34)
16. 성중성인 오셨네 (3:10)
17. 내 문제는 내가 풀자 (2:38)
18. 즐거운 밤 (2:27)
19. 관 음 가 (2:48)

• 가격 : 2만 원

가슴으로 부르는
불심의 노래 2

1. 부 처 님 (4:01)
2. 열반재일 (3:09)
3. 성도재일 (4:00)
4. 석굴암의 노래 (3:19)
5. 님의 모습 (3:15)
6. 믿고 따르세 (2:55)
7. 신명을 다하리 (4:17)
8. 부처님께 바치는 마음 (3:49)
9. 감사합니다 (3:10)
10. 고 향 가 (4:30)

11. 섬진강 소초 (3:08)
12. 권 수 가[1] (3:02)
13. 권 수 가[2] (3:02)
14. 우란분재일 (3:38)
15. 고맙습니다 (2:31)
16. 믿음으로 여는 세상 (3:05)
17. 출가재일 (2:44)
18. 생 원 (2:52)
19. 우리네 삶, 고운 수로 (2:35)
20. 숲속의 마음 (2:33)

• 가격 : 1만5천 원

문의 전화 ☎ 031-534-3373

유튜브에서 채널 구독하시고
무료로 찬불가 앨범을 감상하세요

유튜브에서 MOONZEN을 검색하시거나
아래의 주소로 접속해주세요

http://www.youtube.com/user/officialMOONZEN

화엄경 38권은 이룬절 포천정맥선원
불법 오경남 본연님, 최종삼, 최근영,
최은선님의 보시에 의해 출간되었습
니다. 이 무량공덕으로 구경성불하시
기를 기원합니다.